SUSANNE NIEMEYER
MATTHIAS LEMME

Brot und Liebe

Wie man Gott nach Hause holt

MIT ILLUSTRATIONEN VON
ARIANE CAMUS

edition chrismon

Impressum:

Bibliografische Information der Deutschen Nationalbibliothek: Die Deutsche Nationalbibliothek verzeichnet diese Publikation in der Deutschen Nationalbibliografie; detaillierte bibliografische Daten sind im Internet über http://dnb.d-nb.de abrufbar.

4. Auflage 2024

Printed in Germany

Das Buch wurde auf alterungsbeständigem Papier gedruckt.

Gesamtgestaltung: Ellina Hartlaub, GEP gGmbH, Frankfurt/Main
Druck und Bindung: BELTZ, Grafische Betriebe GmbH,
Bad Langensalza

ISBN 978-3-96038-304-8
www.eva-leipzig.de

Liebe Leserinnen, liebe Leser,

wir glauben an Gott. Mit allem Wenn und Aber. Wir schwanken zwischen Aufklärung und Romantik. Und stehen staunend vor der Weihnachtskrippe. Wir lassen uns das Abendmahl schmecken, auch wenn wir nicht alles begreifen, was da geschieht. Wir hatten schon mal Liebeskummer, und arbeitslos waren wir auch (zum Glück nur kurz). Wir glauben, dass die Bibel zu all dem was zu sagen hat – und die alten Glaubenszeugen der frühen Kirche erst recht. Wir rechnen mit dem Himmel, auch wenn wir die Gleichung nicht kennen. Wir setzen darauf, dass der Glauben das Leben ganz machen kann und dass Gott an unserer Seite ist: wenn wir auf der Couch lümmeln ebenso wie im größten Streit und auch, wenn wir gegen den Krieg auf die Straße gehen. Beweisen können wir das nicht. Aber wir tun so als ob und schauen, was passiert.
Davon haben wir geschrieben. Ein Buch für alle Lebenslagen. Ein Buch zum Ausprobieren. Zum Mitbeten und Mitsingen. Zum Entdecken, wie kühn christlicher Glaube ist. Ein Buch für alle Tage – für den Frühstückstisch oder die Ofenbank, für die Andacht am Morgen, das Gebet beim Essen oder die Stille am Abend. Ein Herzensbuch eben.

Matthias Lemme & Susanne Niemeyer

Einst geschah es, in unscharfer Vorzeit, dass Menschen ihre Türme in den Himmel bauten und ein Rettungsschiff in die große Flut schickten.

Einst geschah es, dass Menschen einem der ihren folgten, der anders war und große Sehnsucht lehrte, auch Freundlichkeit.

Einst wird es geschehen, dass alle Tränen getrocknet und die Zwistigkeiten, die großen und kleinen, nichts als Erinnerungen sind.

lieben

weil Gott alles gibt

glauben und zweifeln

weil ich mehr bin, als ich denke

unter einem Dach leben

weil man zusammen zu sich kommt

Haltung zeigen

weil die Welt eine Wohngemeinschaft ist

arbeiten und anhalten

weil wir von Brot und Liebe leben

sterben und hoffen

weil wir nicht das letzte Wort haben müssen

Jeanette

lieben

weil Gott alles gibt

Vertrauen

so tun als ob

Worauf man vertrauen kann: dass die Sonne aufgeht. Dass es ergiebiger ist, an Gott zu glauben als nichts zu glauben, denn das Nichts hat nicht viel zu bieten. Dass Fahrradfahren auch ohne Stützräder möglich ist. Dass es Rettung gibt. Dass das Leben heller wird, wenn man beschließt, die Enttäuschungen in den Wind zu streuen. Dass zu tun als ob ein Anfang ist. Dass die Sterne auch dann da sind, wenn man sie nicht sieht. Dass die Erfahrung manchmal eine gute Ratgeberin ist. Dass es keine Garantie gibt. Dass Vertrauen die einzige Alternative ist, wenn man nicht verrückt werden will.

Sie saßen alle in einem Boot. Der Wind stand ihnen entgegen, der Boden unter ihren Füßen schwankte. Da sahen sie eine Gestalt. Sie erschraken. Petrus rief: „Jesus, bist du es? Dann lass mich zu dir gehen." „Komm!", sagte Jesus. Und Petrus stieg aus. Er setzte seinen Fuß auf das Wasser. Seinen Blick richtete er auf Jesus und ging los. Aber dann sah er die riesigen Wellen, und in diesem Moment begann er zu sinken. „Rette mich!", schrie er. Jesus ergriff ihn sofort: „Warum vertraust du mir nicht?"

nach Matthäus 14,31

Heute gehe ich raus
in die Welt
Triff mich dort
Ich zähle auf dich

amen

Die Großen der Thora, mit denen du gestritten hast, haben dir Gott und sein Reich nicht auf den Tisch legen können, und auch ich kann es nicht. Aber bedenke, vielleicht ist es wahr.

Rabbi Levi Jizchak von Berditschew (1740–1810)

Lust
leben wollen

Gott hat die Erde gemacht, die Menschen, das Sein und das Lieben. Allerfeinste Rezeptoren unter der Haut, Tagträume und Nackenhaare. Die Lust auf Kirschen, Kuhbonbons, Gänsehaut, auf Kaffee mit Milchschaum, ein Wannenbad, Sex, auf Lesen, ohne gestört zu werden. Die Lust zu lachen, zu tanzen ohne Scham, die Lust, nackt in einen See zu springen oder sich in eine Decke einzudrehen und nichts zu tun. Die Lust zu leben.
„Nicht so viel, nicht so viel“, riefen ein paar Oberengel (die mit den zugeknöpften Kragen). „Das kann man nicht kontrollieren.“
Aber Gott kannte das Wort Kontrolle nicht und schuf weiter: Wohlfühlen, Wohlbehagen, Wohllust, eine Welt voller Weite.

Du führst mich hinaus ins Weite,
du reißt mich heraus;
denn du hast Lust zu mir.

nach Psalm 18,20

„Was immer ich wünschen und suchen kann, das will ich auch genießen. Ich habe gar keine Lust, mich zu enthalten. Warum sich enthalten, wo einem dies nichts einbringt? Was mir an Spiel und Lust entgegenkommt, das will ich auch packen. Und wie ich geartet bin, so lebe ich mich auch aus." „Du benimmst dich wie die Jungen wilder Tiere, die noch kein Maß kennen. Alles nämlich, was in der Ordnung Gottes steht, antwortet einander. Die Sterne funkeln vom Licht des Mondes, und der Mond leuchtet vom Feuer der Sonne. Jedes Ding dient einem Höheren, und nichts überschreitet sein Maß. Du aber nimmst weder auf Gott Rücksicht noch auf seine Geschöpfe.
Du hängst vielmehr in der Luft wie ein zerrissenes Stück Stoff, das im Wind baumelt. Ich aber wandle auf den Pfaden des Mondes und in den Bahnen der Sonne; ich achte auf jede Satzung Gottes. Ich habe das alles sehr lieb, und ich leuchte mit allem wie der Strahl der Sonne.
Du aber reibst dich auf bei deiner Haltung – und wirst zuletzt der Würmer Fraß."

Hildegard von Bingen (1098–1179)

streichel mich
kitzel mich
flüster in mein Ohr
lock mich
herz mich
rühr mich
halt mich
sieh mich
zeig dich mir

amen

Liebe

alles, was zählt

Meine Freundin, du bist schön. Schön bist du, deine Augen sind wie Taubenaugen. Mein Freund, du bist schön und lieblich. Unser Lager ist grün. Die Balken unserer Häuser sind Zedern, unsere Täfelung Zypressen.
Steh auf, meine Freundin, meine Schöne, und komm her! Denn der Winter ist vergangen, der Regen ist vorbei. Die Blumen sind aufgegangen, der Frühling ist gekommen, und die Turteltaube lässt sich hören in unserem Lande.

aus Hohelied 1–2

Liebe ist schlicht Hormonkino, sagen die Leute mit den Taschenrechnern unterm Kopfkissen. Blödsinn, sagen die Romantiker und halten rote Rosen hoch. Liebe ist ein seltsames Spiel, sagt meine Oma und hebt eine Augenbraue. Die Liebe eifert nicht und bläht sich nicht auf, sie ist langmütig und freundlich, sagt Paulus, ziemlich gelassen. Er kennt die vielen Gesichter der Liebe. Sie haben unterschiedliche Namen: Eros steht fürs körperliche Begehren. Philia für die herzenstiefe Freundschaft. Und Agape für ein großes Herz anderen gegenüber – egal ob Freund oder Feind. Alles Liebe? Alles Liebe.
Liebe ist Lebenselixier. Am Anfang berauscht sie. Dann trägt sie. Und wenn die Liebe dauert, dann wird sie launisch, träge, gelassener, faltiger, klüger, nachsichtiger – so wie ich auch. Und trotzdem bleibt die Liebe eine wilde Halbstarke. Sie will mehr als alles und mag den

Trotz, sie fällt auf die Nase und rappelt sich wieder auf, sie träumt von Kraft, ist aber in ihrer Schwäche stark. Ich glaube an die Liebe. Vor den Kratzern habe ich keine Angst.

Der in Gott versetzte Mensch wird von Freude durchkitzelt, in allem, was er tut und lässt!

Meister Eckhart (1260–1328)

Du liebst mich Gott
und das ist alles
liebtest du mich nicht
liebte ich mich nicht
liebte ich mich nicht
liebte ich die anderen nicht
und wären sie nicht geliebt
wie könnten sie dich lieben?
Du liebst mich Gott
und das ist alles
alles was zählt

amen

Abendmahl
Brot und Liebe

Silvester auf der Berghütte. Wir sitzen am Tisch, Freunde und fremde Eingekehrte. Knackendes Holz im Bollerofen, der Kerzenschein malt Gestalten an die Wände. Brot und Butter, Salz und Speck, ein Krug Wasser, zwei Flaschen Wein. Die Stadt ist weit weg, die Gewohnheiten sind es auch. Einer sagt, wir säßen beieinander wie die Jüngerschar auf dem Gemälde da Vincis.

Jesus und seine Freund*innen. Dass es das letzte gemeinsame Abendessen ist, ahnen die Wenigsten. Erst lachen sie noch. Dann wird es ruhig. Das Lammfleisch duftet, aber die Luft riecht nach Gefahr. Jesus, der Aufrührer, heißt es auf den Straßen. Zu gut, um von dieser Welt zu sein. Er nimmt ein großes Stück Brot, bricht es, gibt es weiter. Auch den Wein gibt er in die Runde. Spricht Worte dabei, die voller Leben sind. Größer als groß, ein Vermächtnis: Liebt euch, wie ich euch liebe. Liebt einander von Herzen.

Das Brot hat uns gesättigt. Dünnhäutig gemacht. Erwartungsvoll schauen wir uns an. Einer öffnet die Flaschen, schenkt allen ein. Ein Glas bleibt unberührt. Für einen, der noch kommt? Für einen, der da ist, unsichtbar und mächtig. Auf das Leben, sagt eine. Auf sein Leben, sagt ein anderer. Und auf die Liebe, auf die Liebe, die mehr als alles ist.

Jesus gab ihnen das Brot, dankte Gott für alle Liebe und sagte: Nehmt und esst. Wie dieses Brot wird mein Leib gebrochen. Aber in Gedanken bin ich bei euch, meine Worte sind lebendig. Er gab ihnen den Kelch, dankte Gott für alle Liebe und sagte: Nehmt und trinkt. Wie dieser Wein wird mein Blut vergossen. Ihr habt Angst, aber ich tröste euch. Ich habe die Welt des Todes überwunden. Gott ist Liebe. Wenn ihr liebt, bleibt ihr in Gott und Gott in euch. Erinnert euch daran: Jedesmal, wenn ihr von diesem Brot esst und aus diesem Kelch trinkt, bin ich bei euch.

nach Johannes 6,63; 16,33 und 1. Johannes 4,16b, Lukas 22,17–20, 1. Korinther 11,23–26

Wo Güte und Liebe ist, da ist Gott.

Musik: Jacques Berthier (1923–1994)

Christus, Antlitz Gottes,
der du siehst, was uns beschämt,
erbarm dich unser
Christus, Weisheit Gottes,
die umfasst, was uns zerreißt,
erbarm dich unser
Christus, Heiland Gottes,
der du löst, was uns bedrängt,
gib uns deinen Frieden.

amen

Nächstenliebe

einander groß sein lassen

1 niemanden verloren geben
(Denk an die neunundneunzig Schafe und das eine.)

2 in allen Christus sehen
(Denn was ihr einem meiner geringsten Geschwister getan habt, das habt ihr mir getan.)

3 die anderen groß sein lassen
(Denn die Letzten werden die Ersten sein.)

4 die Perspektive wechseln
(Und mit Gottes Augen sehen. Denn Gott schuf die Menschen als Abbild. Alle.)

5 das Naheliegende tun
(Der Samariter hat gehandelt.)

6 das Mögliche tun
(Manches ist nicht möglich. Vielleicht noch nicht.
Sei freundlich auch mit dir.)

7 auf den Heiligen Geist setzen
(Gottes Kraft, die weht, wo sie will.)

Liebe und dann tu, was du willst.

Augustinus (354–430)

„Welches ist das wichtigste Gebot?“ Jesus sagte: „Liebe Gott mit deinem ganzen Herzen, mit deiner ganzen Seele und mit deinem ganzen Verstand. Genauso wichtig: Liebe deine Nächsten wie dich selbst. An diesen beiden Geboten hängt alles.“

nach Matthäus 22,36–40

O Herr, mach mich zu einem
Werkzeug deines Friedens!
Dass ich Liebe übe,
wo man sich hasst;
dass ich verzeihe,
wo man sich beleidigt;
dass ich verbinde, da,
wo Streit ist;
dass ich die Wahrheit sage,
wo der Irrtum herrscht;
dass ich den Glauben bringe,
wo der Zweifel drückt;
dass ich die Hoffnung wecke,
wo Verzweiflung quält;
dass ich dein Licht anzünde,
wo die Finsternis regiert;
dass ich Freude mache,
wo der Kummer wohnt

amen

Franz von Assisi (1182–1226)

Freundschaft

verbindlich sein

Da steht diese Person in meinem Zimmer. Sie sieht aus wie ich, nur in alt. „Ich bin ja auch du“, sagt sie. „In etwa vierzig Jahren. Frag mich was!“ Ich überlege. Natürlich könnte ich fragen, wie die Zukunft so ist. Aber ich ahne, das mich das nicht weiterbringt. Also frage ich: „Was ist das Wichtigste im Leben?“ „Ein Netz aus Menschen.“ Die Antwort kommt ohne Zögern. „Kümmere dich um Freunde. Lass eine Freundschaft nicht leichtfertig kaputtgehen. Unterschätze auch Bekanntschaften nicht. Verachte keinen Small Talk. Geh zu Einladungen. Lade selber ein, feiere deinen Geburtstag. Antworte auf Briefe und wenn du keine bekommst, schreib selber den ersten. Egal ob auf Papier oder am Computer. Nimm einen Faden wieder auf. Wink jemandem auf Instagram zu. Gründe eine Spielerunde. Gib Lebenszeichen. Nimm das Gefühl ernst, wer dir guttut. Frag nach. Versack eine Nacht am Küchentisch, obwohl dir die Zeit fehlt.“ Irgendwie hatte ich Größeres erwartet. Eine Glücksformel. „Das ist eine Glücksformel“, sagt mein weises Ich. „Es ist die Formel dagegen, dass du eines Tages mit niemandem mehr kompatibel bist.“

Wenn ihr einen Freund habt und um Mitternacht zu ihm geht und sagt: „Leih mir drei Brote; denn einer meiner Freunde, der auf Reisen ist, ist zu mir gekommen und ich habe ihm nichts anzubieten!", wird dann jener von innen antworten: „Lass mich in Ruhe, die Tür ist schon verschlossen und meine Kinder schlafen; ich kann nicht aufstehen und dir etwas geben?" Wenn er schon nicht deswegen aufsteht und ihm etwas gibt, weil er sein Freund ist, so wird er doch wegen seines unverschämten Drängens aufstehen und ihm geben, was er braucht.

nach Lukas 11,5–8

Das Gebet ist meiner Ansicht nach nichts anderes als ein Gespräch mit einem Freund, mit dem wir oft und gern allein zusammenkommen, um mit ihm zu reden, weil er uns liebt.

Teresa von Ávila (1515–1582)

Lieber Gott,
komm doch mal wieder rüber
auf einen Kaffee
Bring Milch mit
Ich hab' eine angebrochene Packung Doppelkekse
Der Abwasch steht in der Spüle
Aber das kennst du ja

amen

Liebeskummer

schiffbrüchig sein

Als ich einmal am Ende der Welt war, wurde ich verlassen und ich wollte mich erschießen, tat es aber nicht. Stattdessen fing ich an, mein Leben auf den Augenblick zu reduzieren. Denn wenn es nur das Jetzt gibt, ist der Schmerz erträglich. Tatsächlich kann man dann einen Kaffee schmecken oder die Sonne fühlen. Das sind Trotzdem-Momente, sie nehmen den Schmerz nicht, aber sie siedeln sich an. Inseln in einem endlosen Meer. Ufer für mich Schiffbrüchige.
Ich lag eine lange Weile erschöpft im Sand. Manchmal blinzelte ich und sah nichts als nichts. Als ich es irgendwann wagte, beide Augen zu öffnen, stand da die Liebe. Sie sagte, du täuschst dich, wenn du denkst, ich bin fort. Ich bin genauso da wie immer. Aber du schaust in die falsche Richtung. Immer auf das Meer hinaus, immer nach dem Boot, das längst davon ist. Dreh dich um. Schick mich los und ich komme zurück zu dir.
Ich dachte, was habe ich zu verlieren. Und schickte sie los, in den Dschungel, der groß und undurchdringlich schien, und plötzlich dachte ich, da kann ich sie doch nicht allein lassen, also ging ich einfach mit. Und dann begann eine andere Geschichte.

> **Gott heilt, die ein gebrochenes Herz haben, und verbindet ihre Wunden.**
>
> *Psalm 147,3*

Das Unglück lässt Gott auf eine Zeit abwesend sein, abwesender als ein Toter, abwesender als das Licht in einem völlig finsteren Kerkerloch. Eine Art von Grauen überflutet die ganze Seele. Während dieser Abwesenheit gibt es nichts, das man lieben könnte. Das Schreckliche ist, dass, wenn die Seele in diesen Finsternissen, wo nichts ist, das sie lieben könnte, aufhört zu lieben, dass dann die Abwesenheit Gottes endgültig wird. Die Seele muss fortfahren, ins Leere hinein zu lieben, oder zumindest lieben zu wollen, sei es auch nur mit dem winzigsten Teil ihrer selbst.

Simone Weil (1909–1943)

Du bist die Liebe, dann sei jetzt bei mir
Du bist der Halt, dann trag mich jetzt
Du bist das Leben, dann atme für mich
Du weckst Tote auf, dann zeig, was du kannst

amen

Vergeben
Mensch sein, kein Wolf

SYNONYME: abgeben, nachgeben, spendieren, schenken

Für Anjas Geburtstag den fehlenden Strohblumenteller, echtes Meißner, doch noch bei ebay gefunden. Einen Strauß Osterglocken, weil du so schön lachtest nach der Siesta. Für meinen Vater diesen Fahrradanhänger, für den Weg zur Gartenparzelle. Viel zu teuer, aber herrlich anzusehen, wie er das Gefährt mit durchgestrecktem Rücken im Viertel ausfährt.
Ich liebe Verschenken. Es kostet nichts oder die Welt. Geklaute Kirschen, ein Stuhl vom Sperrmüll, ein Schwan aus Zeitungspapier. Ich mache etwas, das ich nicht tun muss. Ich halte das Feuer am Brennen, obwohl es irgendwie auch ohne gehen würde. Wenn wir einander beschenken, Liebgewonnenes verschenken, sind wir Menschen und keine Wölfe.
Ich gebe etwas her, auch von mir. Ohne diese überflüssige und freiwilligste aller Gesten wäre es ein paar Grad kälter auf der Welt.
Ich kann nicht immer alles an jeden verschenken. Muss ich auch nicht, überhaupt nicht. Aber es geht öfter, als man denkt.
Mit dem Vergeben ist es ähnlich.

> **Warum vergibst du mir meine Fehler nicht und erlässt meine Schuld? Denn bald liege ich unter der Erde, und wenn du mich suchst, bin ich nicht mehr da.**
>
> *Hiob 7,21*

Gott
Ich schlage Türen zu
statt sie zu öffnen
Ich lege
andere auf Fehler fest
und übersehe das Gute
Ich bleibe bei mir
ohne zu mir zu kommen
Vergib mir
Ich will großzügiger werden

amen

Gott ist ein Gott der Gegenwart. Wie er dich findet, so nimmt und empfängt er dich, nicht als das, was du gewesen, sondern als das, was du jetzt bist.

Meister Eckhart (1260–1328)

Hochzeit

dem Segen Gottes trauen

Viele leben vollkommen allein. Niemand ist bei ihnen, kein Kind, kein Bruder, keine Schwester. Für wen leben sie? Zu zweit ist es besser als allein. Stürzt einer, dann hilft der andere ihm auf. Wenn zwei in der Kälte zusammenliegen, können sie sich wärmen. Ein Mensch kann leicht überwältigt werden, aber zwei sind gemeinsam stark. Noch besser sind drei, denn eine dreifache Schnur reißt nicht so schnell.

nach Prediger 4,8–12

Zehn gute Gründe, sich nicht zu trauen

- der Statistik glauben
- die Freiheit über alles schätzen
- nicht den Richtigen finden
- nicht die Richtige finden
- wohlmeinende Scheidungsanwälte im Freundeskreis
- Angst vorm Scheitern
- andere Formen des Zusammenlebens reizvoller finden
- eine Schwäche fürs Hintertürchen haben
- das Ehegattensplitting doof finden
- seine Eltern ärgern wollen

Zehn gute Gründe, es doch zu tun

- gesunder Optimismus
- ein rauschendes Fest feiern: mit Freunden und Nachbarn, Lieblingscousinen und der ganzen buckligen Verwandtschaft – wo gibt's das sonst?
- mit Gott in einer Art Dreiecksbeziehung leben
- die Hoffnung, die man ineinander steckt, allen Freund*innen zeigen
- einen Trauspruch in der Bibel suchen, der zum Kompagnon werden kann
- das Jawort als große Absichtserklärung aussprechen
- Traditionen ausleben oder sie mit lautem Knall platzen lassen (ein rotes H&M-Kleid!)
- etwas Großes ausprobieren, ohne zu wissen, wie es geht
- sich ein für alle Mal entscheiden wollen
- dem Liebessegen Gottes trauen

O, wie wohl steht's, wenn Eheleute miteinander zu Tisch und Bett gehen: Ob sie gleich zuweilen schnurren und murren, das muss nicht schaden; es geht in der Ehe nicht allzeit schnurgleich zu.

Martin Luther (1483–1546)

Glück kann man nicht kaufen, Gott
Man kann es nicht essen, nicht festhalten
Gib unserer Liebe deinen Segen
damit das Glück uns findet
damit es atmen kann und Bestand hat
Gib unserer Liebe eine Chance
und wenn es sein muss
auch eine zweite und eine dritte

amen

Treue

zur Wahrheit stehen

Versprochen ist versprochen und wird nicht gebrochen. Darauf habe ich gepocht, als ich mein rotes Auto gegen zweimal Eis getauscht habe. Später wurde es komplizierter. Als ich meinem ersten Freund Lebewohl sagte, da ahnte ich, dass der Zauberspruch nicht mehr gilt.

Mir schwante, dass man Versprechen zwar grundsätzlich halten muss. Dass man nicht betrügen darf, nicht Ja sagen und Nein tun. Dass ich mit meinem Neffen den todlangweiligen Film sehen werde, den ich ihm seit Wochen versprochen habe.

Aber Treue kann nicht heißen, etwas einmal Gesagtes und etwas fest Geglaubtes nicht mehr widerrufen zu können. Dann wäre sie ein Gefängnis. Ein gegebenes Wort bindet. Manchmal muss man es lösen. Zurücknehmen. Ein neues hinzufügen. Weil es sonst nicht mehr wahr wäre.

Treue kommt von true und bindet an die Wahrheit. Wenn ich tausend Mal „Ich liebe dich" sage und es ist nicht mehr wahr, ist die Treue nur noch eine leere Hülle. Dann muss ich mich aus dem Sofa schälen. Auf Träume hören. Zeichen deuten. Gott an meine Seite lassen. Das Herz laut drehen und mich nicht ängstigen, wenn ich zunächst nur Kauderwelsch verstehe. Nachdenken ist gut. Auch wenn die Antwort meist erst nach dem Denken auftaucht.

Treue garantiert nicht, das Leben mit ein und derselben Person zu verbringen, in ein und demselben Beruf, ja nicht einmal mit ein und demselben Ich. Aber mit einem Gott, der viele verschiedene Namen hat.

Hier stehe ich. Ich kann nicht anders! Gott helfe mir.

amen

Martin Luther, laut Augenzeugen auf dem Reichstag zu Worms 1521.

> **Das ist mein Versprechen: Nie wieder werde ich die Erde und was auf ihr lebt, vernichten. Das gilt für alle Zeit. Als Zeichen dafür setze ich meinen Bogen in die Wolken.**
>
> *nach 1. Mose 9,11–13*

Du bist mein Kompass
Zeig mir meinen Weg
Bring mein Herz
an Land
Sei mein Acker
ich baue darauf

amen

Weihnachten
Himmel auf Erden

Ich mag Weihnachten und ich mag blinkende Lichterketten. Ich mag Stechpalmenzweige mit roten Beeren, Sternenreigen an Fensterscheiben, ich mag glitzernd-leuchtende Fußgängerzonen, auch wenn ich weiß, dass das ökologisch großer Mist ist. Von Zimtgeruch und Orangen kann ich nicht genug kriegen, und jedes Jahr wieder stelle ich mich unter einen Mistelzweig. Einen Tannenbaum will ich, und der soll nicht nur mit drögem Stroh geschmückt sein. Ich will englische Weihnachtslieder, weil die so heiter klingen, ich will Gold, ich will Silber, und wenn es nur angemaltes Blech ist. Ich will einen Blick in den Festsaal werfen.

Ich will glauben: Heute ist alles gut, auch wenn nicht alles gut ist. Ich will einen Vorgeschmack aufs große Ganze. Sehen, wie es wäre, wenn Frieden wäre und Glück und Schönheit und Strahlen im Überfluss. Der Himmel auf der Erde und ein Kind im Herz. Da macht es gar nichts, wenn ich Tante Hilde das restliche Jahr nicht mag, heute versuchen wir's. Und wenn wir Theater spielen, dann spielen wir – nicht, um der Wirklichkeit zu entfliehen, sondern um ihr entgegenzugehen.

Joy to the world

2. Joy to the world! The Savior reigns; let men their song employ; while fields and floods, rocks, hills and plains. Repeat the sounding joy. Repeat the sounding joy, repeat the sounding joy.

3. No more let sin and sorrow grow, nor thorns infest the ground; he comes to make his blessing flow. Far as the curse is found, far as the curse is found, far as, far as the curse is found.

4. He rules the world with truth and grace, and make the nations prove; the glories of his righteousness. And wonders of his love, and wonders of his love, and wonders of his love.

In diesem neuen Zeitalter wird uns ein geheimnisvolles Kind geboren, ein Sohn der Gottheit. Der wird das Alte beenden, und in Herrlichkeit wird Menschheit und Welt neu erstehen. Schon geht ohne Furcht die Ziege zum Melken nach Hause, und das Rind fürchtet den gewaltigen Löwen nicht mehr. Tot ist die Schlange, und auch die Gifte der giftigen Kräuter wachsen nicht mehr, und überall wird Balsam blühen. Komm doch, Kind, komme bald.

Vergil (70–19 vor Christus)

Dies ist das Zeichen: Ihr werdet ein Kind finden, in Windeln gewickelt und in einer Krippe liegend. Und plötzlich war bei dem Engel eine Menge der himmlischen Chöre, die Gott lobten und sprachen: Ehre sei Gott in der Höhe und Friede auf der Erde bei den Menschen, an denen Gott Freude hat.

Lukas 2,12–14

Engel

Gottes Wort in Person

Guten Morgen", sagt der Engel. Er sitzt schon am Frühstückstisch. Sein Hemd ist gebügelt und das Obst ist frisch geschnitten. Ich weiß auch nicht, wie er das immer schafft. „Dies ist ein neuer Tag, und er wird schön!"

„Woher weißt du das?", frage ich verschlafen.

„Ich nehme es mir vor."

Er steckt mir eine Blume in die Tasche des Pyjamas und schwebt davon.

Der Engel, nach dem ihr Ausschau haltet, ist schon unterwegs.

Maleachi 3,1

‚Engel' bezeichnet das Amt, nicht die Natur. Fragst du nach seiner Natur, so ist er ein Geist; fragst du nach dem Amt, so ist er ein Engel: Seinem Wesen nach ist er ein Geist, seinem Handeln nach ein Engel.

Augustinus (354–430)

Einen Namen hast du nicht.
Niemand soll dich rufen,
niemand außer Gott.
Du bist das Wort,
das Gestalt annimmt,
flüchtig, für einen Moment.
Du bist die Botschaft,
die zum Boten wird.
Du bist Bettler oder Königin,
Wachmann oder Wahrsagerin.
Du stehst an der Grenze,
damit wir Grenzgänger werden.
Du bist keine Bleibende,
damit du nicht zum Bild wirst.
Alles, was du bist, ist geliehen.

Gott
gib deinem Wort Flügel
dass es mich findet in meinen
Verstecken
Lass es laufen
dass es mir Beine macht
wo ich Bleifüße habe
Lass deine Engel auf mich los

amen

grat grat

glauben und zweifeln

weil ich mehr bin,
als ich denke

Jesus
Liebevoller

Zu dieser Zeit gab es einen weisen Menschen, der Jesus genannt wurde. Und sein Lebenswandel war gut und er war als tugendhaft bekannt. Und viele von den Juden und aus anderen Völkern wurden seine Jünger. Pilatus verurteilte ihn, gekreuzigt zu werden und zu sterben. Aber diejenigen, die seine Jünger geworden waren, gaben seine Jüngerschaft nicht auf. Sie berichteten, dass er ihnen drei Tage nach seiner Kreuzigung erschienen sei und dass er lebte; demnach sei er vielleicht der Messias, von dem die Propheten Wunder erzählt haben.

Flavius Josephus (37/38–ca. 100)

Jesus, wir halten dich hoch.
Wir wärmen uns an deiner Zuversicht:
Schauen wir dich an, wachen wir auf.
Teilen wir deinen Blick, wachsen wir über uns hinaus.
Folgen wir dir, finden wir uns.

amen

Damals, als ich Jesus traf, stand ich auf, nahm mein Bett und ging. Es leuchtete kein Stern vom Himmel. Es flogen keine Engel. Ich saß in meinem Zimmer, und ich fühlte mich geborgen. Ich wusste nicht, woran es lag. Es war niemand da. Vielleicht, dachte ich, ist es Zeit, die Geschichten zu lesen. Ich holte eine Bibel. Das Bändchen lag bei Johannes, erstes Kapitel. Ich las und las. Es waren Freundesgeschichten. Ich schlüpfte hinein in den Kreis. Ich hörte, was Jesus mir zu sagen hatte. Ich fürchtete sein Sterben. Seine Auferstehung verstand ich nicht. Aber ich war ja nicht allein. Dann ging ich raus. Mal gucken, dachte ich, wo die anderen sind. Und: Woran werde ich sie erkennen? Ich traf einen Prediger und eine Trauernde und eine Barkeeperin. Sie liebten. Das war kein Gefühl, sondern eine Haltung. Da schloss ich mich ihnen an.

> **Am Schaftor in Jerusalem gibt es einen Teich. Dort lebte eine Menge Kranker, Blinder, Lahmer, Dürrer. Einer von ihnen lag seit achtunddreißig Jahren dort. Als Jesus hörte, dass er schon so lange unter seiner Krankheit litt, fragte er ihn: „Willst du gesund werden?" Der Kranke antwortete: „Ich habe keinen, der mir hilft." „Steh auf!", sagte Jesus zu ihm. „Nimm dein Bett und geh!" Da wurde der Mann gesund, nahm sein Bett und ging.**
>
> *nach Johannes 5,1–8*

Lord of the dance

I danced in the morning
When the world was begun,
And I danced in the moon
And the stars and the sun;
And I came down from heaven
And I danced on the earth,
At Bethlehem I had my birth.

Dance, then, wherever you may be,
I am the Lord of the Dance, said he,
And I'll lead you all, wherever you may be,
And I'll lead you all in the Dance, said he.

I danced for the scribe
And the pharisee,
But they would not dance
And they wouldn't follow me.
I danced for the fishermen,
For James and John –
They came with me
And the Dance went on.

Dance, then, wherever you may be ...

I danced on the Sabbath
And I cured the lame;
The holy people
Said it was a shame.
They whipped and they stripped
And they hung me on high,
And they left me there
On a Cross to die.

Dance, then, wherever you may be ...

I danced on a Friday
When the sky turned black –
It's hard to dance
With the devil on your back.
They buried my body
And they thought I'd gone,
But I am the Dance,
And I still go on.

Dance, then, wherever you may be ...

They cut me down
And I leapt up high;
I am the life
That'll never, never die;
I'll live in you
If you'll live in me –
I am the Lord
Of the Dance, said he.

Dance, then, wherever you may be ...

Sydney Carter (1915–2004)

Bekennen

sagen, was Sache ist

Manchmal bekenne ich mich. Dann stehe ich zu dem, was ich Tage zuvor gesagt habe, oder zu einem Freund, den alle hassen. Dann nenne ich die Dinge beim Namen. Weil ich mir sicher bin, manchmal. Meistens scheue ich eine klare Aussage. Treue Worte stattdessen: Vielleicht. Eher nicht so. Eigentlich. Ziemlich. Eventuell. Mit großer Wahrscheinlichkeit. Fast nie gelingt der große Wurf. Die mutige Ansage meiner Lebensidee. Die Verteidigung meiner Visionen. Wer ich bin und was ich will. Woran ich hundertzehn-prozentig glaube und was ich für Kokolores halte. Fast nie fühle ich mich eins mit mir und sage, was Sache ist. Aber meinen Glauben zu bekennen – nicht immer mit denselben Worten –, das finde ich trotzdem schön. Diesen löchrigen Schuh, der immer zu groß ist. Ich glaube an Gott, Schöpferin des Himmels und der Erde. An Jesus Christus, gekreuzigt, gestorben, begraben und auferstanden. An den Heiligen Geist, die Gemeinschaft der Heiligen. Dass Gott allmächtig ist und Jesus von einer Jungfrau geboren wurde, das glaube ich nicht. Aber ich spreche es mit, inmitten all der anderen. Ich nehme den Mund voll. Sage Fremdes, pfeife aufs Sicherheitsnetz. Und fühle mich dabei nicht wie ein Verräter meines Verstandes, sondern wie ein Sänger im Chor der Waghalsigen.

„Ich glaube, dass Gott Freude hat an denen, die morgens mutig aus dem Bett springen."

„Ich glaube an Anfänge, die sich anders fortsetzen, als ich es erwartet hatte."

„Ich glaube an die Liebe und das Leben. Und an die Kraft, die alles trägt und zusammenhält. Also auch mich."

„Ich glaube an Buchstaben, die sich neu erfinden, und Wörter, die Purzelbäume schlagen. Ich glaube, in den Himmel schauen wird unterschätzt und barfuß laufen auch."

„Ich glaube an Gemeinschaft, weil glauben, hoffen, leben und singen zusammen einfach besser geht."

„Ich glaube, dass Gott an mich glaubt. Und an den Rest der Welt natürlich auch!"

„Ich glaube an Jesus, der jeden Morgen am Frühstückstisch mir gegenübersitzt."

„Ich glaube, dass wir Gottes Mitschöpferinnen sind, Mitstreiterinnen auch, Mitversorgerinnen, Mittrösterinnen."

„Ich glaube, dass der Tod ein wichtiger Bestandteil des Lebens ist. Ich glaube, er ist weniger vergleichbar mit dem Löschen einer Computerfestplatte als mit dem Abflug in ein anderes Universum."

„Ich glaube an die Heilkraft von Sonnenuntergängen."

„Ich glaube, dass in allem ein göttlicher Funke steckt. In jedem Lächeln, in einer Knospe, die jetzt erblüht, im Vogelgezwitscher."

„Ich glaube: Am Ende wird alles gut."

„Ich glaube an die vorsichtige Zuversicht. Ich glaube an morgen."

Für einen Pfingstgottesdienst im Radio haben wir Menschen in ganz Deutschland gefragt, woran sie glauben.

Und Maria sprach: Meine Seele erhebt dich, Gott und mein Geist freut sich an dir, denn du hast mich angesehen. Von nun an werden mich alle glücklich preisen. Denn du hast Großes an mir getan.

nach Lukas 1,46–49

Darauf vertrau ich

Dass du da bist und mich siehst, mich in deine Welt reinziehst,
dass du liebst und mir vergibst, mir was zutraust und mich schiebst,
du hast alles ausgedacht und das Licht hier angemacht.

Dass du unsre Nähe suchst, an den Rändern nach uns rufst,
dass du Scherben wieder klebst, selbst im Tod noch weitergehst,
stehst in unserm Leben auf, gibst ihm einen neuen Lauf.

Dass dein Geist die Lage dreht, jedes Kind die Welt bewegt,
dass du groß von Liebe träumst, keinen Tag mit uns versäumst,
wir sind dann nicht mehr allein, werden Wahlverwandte sein.

Darauf vertrau ich, das glaub ich.
Da drauf, da bau ich:
Ich brauche dich.

Kann man auch mitsingen: www.monatslied.de, siehe Juni 2019

Beten

Gott treffen, wann ich will

Du vertraust deinem Joghurt, dessen linksdrehende Kulturen deine Verdauung befördern. Kannst du sie sehen? Niemals würdest du davon ablassen, an die Liebe zu glauben, obwohl dein Herz gleich mehrfach gebrochen wurde. Kannst du sie beweisen? Du verteidigst die Gleichheit aller Menschen, obwohl es sie doch augenscheinlich nicht gibt. Bist du ein Träumer? Beten heißt, einen Vertrauensvorschuss zu geben. Beten heißt, ins Nichts zu sprechen, weil du glaubst, dass einer hört.
Das findest du gewagt?
Auf was setzt du sonst nicht alles?

Mein Herr und mein Gott, nimm alles von mir, was mich hindert zu dir. Mein Herr und mein Gott, gib alles mir, was mich fördert zu dir. Mein Herr und mein Gott, nimm mich mir und gib mich ganz zu eigen dir.

Niklaus von Flüe (1417–1487)

Wenn du beten willst, geh in dein Zimmer, schließ die Tür hinter dir zu und bete zu deinem Gott, dem Unsichtbaren. Leiere nicht endlose Gebete herunter wie Leute, die meinen, sie würden bei Gott etwas erreichen, wenn sie nur viele Worte machen. Gott weiß genau, was du brauchst, noch bevor du darum bittest. Gott sieht das Verborgene.

nach Matthäus 6,6–13

Du im Himmel
und unter der Haut
Dein Name ist heilig
deine Wunderwelt komme
Dein Wille geschehe
oben und unten und überall
Gib uns heute, was wir brauchen
Vergib uns
und auch wir vergeben
Sei bei uns, wenn wir uns verlieren
und erlöse uns
Denn du bist Ein und Alles
Kraft und Herrlichkeit und Ewigkeit

amen

Vater unser im Himmel
Geheiligt werde dein Name.
Dein Reich komme.
Dein Wille geschehe,
wie im Himmel, so auf Erden.
Unser tägliches Brot gib uns heute.
Und vergib uns unsere Schuld,
wie auch wir vergeben
unseren Schuldigern.
Und führe uns nicht in Versuchung,
sondern erlöse uns von dem Bösen.
Denn dein ist das Reich und die Kraft
und die Herrlichkeit in Ewigkeit.
Amen.

Wahrheit

Schwester der Freiheit

WAHRHEIT WAHRHEIT

Gott in die Augen schauen.
Manchmal einen Weg ändern und manchmal
auch umkehren.
Etwas gestehen. Eine Liebe oder einen Irrtum.
Aufrichtig bleiben.
Trauer aushalten, Trost erwarten.
Das Einfache weder vorziehen noch verschmähen.
Keinen Spiegel fürchten.
Dich fragen lassen.
Trotzdem zuversichtlich bleiben.
Der Freiheit Schülerin sein.

PFLICHT PFLICHT

Die Umstände zu Herrschern machen.
Müssen müssen.
Es recht machen wollen.
Tun, um nicht zu denken.
Gehorchen, ohne zu horchen.
Träume für Schäume halten.
Die Seele entbehren können.
Die Ohren mit Wachs verschließen.
Das Herz auch.

Es kommt darauf an, meine Bestimmung zu verstehen, zu sehen, was Gott eigentlich will, dass ich tun solle; es gilt, eine Wahrheit zu finden, die Wahrheit ist für mich, die Idee zu finden, für die ich leben und sterben will. Und was nützte es mir dazu, wenn ich eine sogenannte objektive Wahrheit ausfindig machte; wenn ich mich durch die Systeme der Philosophien arbeitete, und, wenn es verlangt würde, Revue über sie halten könnte, dass ich Konsequenzen aufzeigen könnte innerhalb jedes einzelnen Kreises? Was nützte es mir dazu, dass ich eine Staatstheorie entwickeln könnte, um aus den vielerorts gesammelten Einzelheiten ein Ganzes zusammenzusetzen, eine Welt entwerfen könnte, worin ich dann wieder nicht lebte, sondern die ich nur anderen zur Schau stellte? Was nützte es mir, dass die Wahrheit kalt und nackt vor mir stünde, gleichgültig dagegen, ob ich sie anerkennte oder nicht?

Søren Kierkegaard (1813–1855)

Jesus sagte: „Wenn du meinen Weg gehen willst, darfst du dich nicht mehr selbst in den Mittelpunkt stellen. Setze dich aus und folge mir. Wer sich an das Leben klammert, wird es verlieren; wer aber das eigene Leben einsetzt, wird es gewinnen. Denn was nützt es, wenn du die ganze Welt gewinnst, aber deine Seele verlierst?“

nach Matthäus 16,24–26

Fünf Vorsätze für den Tag

Ich will bei der Wahrheit bleiben
Ich will mich keiner Ungerechtigkeit beugen
Ich will frei sein von Furcht
Ich will keine Gewalt anwenden
Ich will in jedem zuerst das Gute sehen

amen

Mahatma Gandhi (1869–1948)

Gott

Ich bin da

Gott ist eine Diebin. Ihre Lippen sind rot. Sie kommt in der Nacht, wenn auch die Rastlosen vor dem Fernseher eingeschlafen sind und die Schlüssel der Straßenbahnschaffner am Haken hängen. Sie schlüpft in die Häuser und in die Träume. Den Größenwahnsinnigen stiehlt sie die Schuhe. Den Verzweifelten nimmt sie das Messer aus der Hand. Den Allzusicheren stiehlt sie die Bilder. Den Harten nimmt sie die Steine von der Brust. Den Strengen stiehlt sie das Maß. Zum Abschied legt sie einen Kuss auf ihre Lippen, dass ihre Herzen zu pochen beginnen.

Wie heißt du?

Ich-bin-da. Das ist mein Name für alle Zeit.

Wer bist du?

Ich bin Gott und kein Mensch. Ich bin das Heilige in eurer Mitte.

Wo wohnst du?

Ich will mitten unter euch wohnen, bei euch werde ich leben.

Was tust du?

Ich mache das Licht und schaffe die Finsternis, ich gebe Frieden und schaffe Unheil.

Das heißt, du zerstörst auch?

> Ich will das Verlorene wieder suchen und das Verirrte zurückbringen und das Verwundete verbinden und das Schwache stärken und was fett und stark ist, behüten.

Was soll ich tun?

> Nichts anderes als dies: Gerechtigkeit tun, Freundlichkeit lieben und behutsam mitgehen mit deinem Gott.

Und wenn ich Angst habe?

> Ich behüte dich; ich bin dein Schatten über deiner rechten Hand, dass dich des Tages die Sonne nicht steche noch der Mond des Nachts.

Aber du bist oft schwer zu verstehen …

> Meine Gedanken sind nicht eure Gedanken. So hoch der Himmel über der Erde ist, so weit reichen meine Gedanken über eure Gedanken hinaus.

Die Antworten sind Zitate aus der Bibel:
2. Mose 3,14; Hosea 11,9; 3. Mose 26,11–12; Jesaja 45,7; Hesekiel 34,16; Micha 6,8; Psalm 121,5–6; Jesaja 55,8–11

Ich sprach von dir als von dem sehr Verwandten,
zu dem mein Leben hundert Wege weiß,
ich nannte dich: den alle Kinder kannten,
den alle Saiten überspannten,
für den ich dunkel bin und leis.

Ich nannte dich den Nächsten meiner Nächte
und meiner Abende Verschwiegenheit, –
und du bist der, den keiner sich erdächte,
wärst du nicht ausgedacht seit Ewigkeit.

Und du bist der, in dem ich nicht geirrt,
den ich betrat wie ein gewohntes Haus.
Jetzt geht dein Wachsen über mich hinaus:
Du bist der Werdendste, der wird.

Rainer Maria Rilke (1875–1926)

Entweder Gott ist, oder er ist nicht. Worauf wollen Sie setzen? Wägen wir den Verlust dafür ab, dass Sie sich dafür entschieden haben, dass es Gott gibt: Wenn Sie gewinnen, gewinnen Sie alles, wenn Sie verlieren, verlieren Sie nichts.

Blaise Pascal (1623–1662)

Zweifeln
Ringkampf der Gedanken

Wenn ich zweifle, begebe ich mich in einen Ringkampf der Gedanken. Ich wage mich raus aus der Deckung, weil ich weiß, dass nur der Nahkampf zu einem Ergebnis führt. Auf der Matte ist alles offen, beide Seiten können gewinnen. Es wird geworfen, geschleudert und gehebelt; Schläge, Tritte und Würgen sind verboten. Die Ansager*innen auf den politischen Bühnen scheinen oft keine Zeit mehr für eine ordentliche Zweifelei zu haben. Selbstsicher verkünden sie ihre Weisheiten, obwohl die Glocke noch nicht mal zur zweiten Denkrunde geläutet hat.

Jesus wird nach seiner Taufe in die Wüste geführt. Vierzig Tage ringt er dort mit dem Teufel um die Wahrheit. Der lockt ihn: mit Argumenten, Versprechungen und Hinterlist. Aber Jesus hält dagegen. Klarer als zuvor kehrt er zurück.

Wer sich heute in Zweifel versenkt, gilt als von gestern. Das ist dumm. Denn der Zweifel dreht sich nicht um sich selbst – er kann ein aufrechter Verlierer sein, falls die besseren Argumente auf der anderen Seite liegen.

„Audiatur et altera pars – man höre auch die andere Seite", so lautet ein Grundsatz des römischen Rechts. Auch beim Bibellesen kann dies wichtig sein. Denn manche Begebenheit wurde mit unterschiedlichen Augen gesehen und daher auch mehrfach beschrieben: „Eines hat Gott geredet, ein Zweifaches habe ich gehört" (Psalm 62,12).

Prüft alles und behaltet das Gute!
1. Thessalonicher 5,21

Vieles schwirrt mir um den Kopf
macht mich verrückt und überfordert mich
Hilf mir, das Gleichgewicht zu finden
und die Gewichte auszuloten
Hab Geduld mit mir, Gott
mit Kopf und Herz
im Zweifel für dich

amen

Bibel

Gottes Spur

Ich mag die Bibel. Ihre Worte sind von gestern. Aber sie spiegeln das Heute. Sie sind ein Fenster. Wenn ich hindurchschaue, sehe ich einen Horizont, der weiter ist als meine eigenen Gedanken. Die Bibel erzählt Geschichten. Von Königen und Kindern, Heldinnen und Halunken, Witwen und Weisen. Sie könnten nicht verschiedener sein. Für Gott sind sie gleich. In ihren Geschichten finde ich meine Geschichte. Sie ist widersprüchlich. Weil das Leben widersprüchlich ist. Gott ist die Konstante. Die Bibel verbindet mich. Sie ist Gottes Wort, so wie Menschen es gehört haben. Alle können es hören. Manche sind hellhöriger.

Sie setzt ihre Sprache gegen meine Sprachlosigkeit. Ich kann mir Worte leihen. Ich kann den Mund voll nehmen. Liebe und Lust, Wut und Tod sind ihr täglich Brot. Sie sagt, was ist. Damit ich erkenne, wer ich bin und wer ich sein könnte. Sie erzählt vom Aufbruch und von Verwandlung. Wieder und wieder. Ein Wegweiser ist sie. Die Hindernisse und Sackgassen kennt sie. Das Ziel heißt Freiheit. Lesend bleibe ich auf Gottes Spur.

Die Bibel ist das Ergebnis einer jahrhundertelangen Erzähltradition. Die meisten Texte wurden zwischen dem 9. Jahrhundert vor Christus und dem 2. Jahrhundert nach Christus aufgeschrieben – von vielen unterschiedlichen Menschen. Abschriften wurden in Tonkrügen, in Klosterbibliotheken, im Wüstensand gefunden.

Wenn du am Abend schlafen gehst, so nimm noch etwas aus der Heiligen Schrift mit dir zu Bett, um es im Herzen zu erwägen und es – gleich wie ein Tier – wiederzukäuen und damit sanft einzuschlafen. Es soll aber nicht viel sein, eher ganz wenig, aber gut durchdacht und verstanden. Und wenn du am Morgen aufstehst, sollst du es als den Ertrag des gestrigen Tages vorfinden.

Martin Luther (1483–1546)

Am Anfang war das Wort. Das Wort war bei Gott, und das Wort war Gott selbst. Alles wurde durch das Wort geschaffen. Von ihm kam alles Leben, und das Leben war das Licht für alle Menschen. Es leuchtet in der Finsternis. Gottes Wort ist lebendiger und kräftiger und schärfer. Es dringt bis in unser Innerstes, bis in unsere Seele und unseren Geist, es trifft uns in Mark und Bein. Dieses Wort deckt die geheimen Gedanken und Wünsche unseres Herzens auf.

nach Johannes 1,1–5 und Hebräer 4,12

Dein Anfang war das Wort
es werde
tausendmal
wieder und wieder
ein Echo durch die Zeiten
schreib es
in mein Herz

amen

Allmacht

Liebe ohne Erde

Die Welt ist kein Marionettentheater. Und Gott kein Puppenspieler. Zum Glück. Wie fade wäre es, wenn allein Gott an den Strippen ziehen würde. Wenn ich gelebt würde, statt selbst zu leben. Und wie müsste es Gott selbst anöden, jeden Morgen das gleiche Spiel zu spielen, allein. Wohin mit dem mächtigen Allmachts-Wort? Ein Versuch: Allmacht als herrische Selbstgenügsamkeit kommt in die Puppenkiste. Ganz nach unten. Einen Gott, der kein Gegenüber erträgt, kann ich weder lieben noch ernst nehmen. Allmacht als grenzenlose Liebe aber, als Quelle guter Absichten – diese Allmacht ist mir lieb und teuer. Gott, der mich in die Freiheit entlässt und die Fäden aus der Hand gibt. Gott, die auf uns baut und in uns ruht, die das Wagnis eingeht und aus sich herausgeht. Gott, der die Macht auf seine Geschöpfe verteilt – zu dem bete ich: Ich glaube an den in seiner Liebe allmächtigen Gott, die Schöpferin des Himmels und der Erde.

Vertraue so auf Gott, als ob der Erfolg der Dinge ganz von dir, nicht von Gott abhinge; wende dennoch dabei alle Mühe so an, als ob du nichts, Gott allein alles tun werde.

Ignatius von Loyola (1491–1556)

Alle Dinge sind möglich dem, der da glaubt.

Markus 9,23

Deine Liebe ist allmächtig, Gott.
Aber du?
Kannst du Busfahrpläne lesen,
Festplatten löschen,
Staatenlenker am Kragen packen,
gebrochene Herzen kleben?
Deine Liebe ist allmächtig, Gott.
Und wir?
Können vieles – wenn du unsere
Hände führst. Und uns mit deinem
Feueratem Beine machst.
Deine Liebe ist allmächtig, Gott.
Breitmachen soll sie sich,
immer und überall.

amen

Kranksein

wenn was fehlt

Die Geschichte der Krankheit beginnt im Paradies. Die Lebensbedingungen sind ursprünglich und ideal: kein Vitaminmangel, kein Virus, kein Lärm und kein Plastik. Aber selbst im Paradies wären Eva und Adam irgendwann verrückt geworden, denn auch dort gilt: Irgendwas fehlt immer. Und wenn über längere Zeit etwas Grundlegendes fehlt, dann macht das krank. Also haben sie den Anker eingeholt und sind in die gefährliche, verletzliche Welt übergesetzt. Da wurden sie zufriedener – mit all den Mühen und scharfen Werkzeugen, mit Schnupfen, Endlichkeit und Nebenwirkungen. Denn hier hieß es nicht mehr in Dauerschleife: Ihr habt doch alles! Sondern ab und zu kam jemand vorbei und fragte: Was fehlt dir?

Ein Blinder saß auf dem Boden und bettelte. Als er mitbekam, dass Jesus in der Nähe war, rief er: „Jesus, hab Erbarmen mit mir!“ Als ihn welche zum Schweigen bringen wollten, schrie er noch viel lauter: „Hab doch Erbarmen!“ Da hörte ihn Jesus, kam näher und fragte: „Was willst du? Was soll ich tun?“ Der Blinde antwortete: „Dass ich sehen kann.“ Da sagte Jesus: „Du sollst sehen können. Dein Glaube hat dich gerettet.“

nach Lukas 18,35–42

Am Ende der Frage und der Suche nach Gott steht keine Antwort, sondern eine Umarmung.

Dorothee Sölle (1929–2003)

Gott
Die Welt ist nicht heil
Wie können wir es sein?
Meine Vernunft sagt
es fehlt nur wenig
Meine Sehnsucht sagt
ich will alles
ganz und gar

amen

Teufel

der durcheinander bringt

DRAMA IN EINEM AKT

Personen:

DER TEUFEL, eloquent und gediegen
ICH, so wie immer

Szene:

Mein Kopf, normal groß und wachen Geistes.
Der Teufel tritt ein. Ich wusste, wir werden aneinandergeraten.

ICH: Guten Tag. Sie sind also der Teufel?

DER TEUFEL: Nun ja. Genau genommen bin ich Ihr Bild von mir.

ICH: Das heißt, es gibt Sie gar nicht?

DER TEUFEL: Doch, doch. Nur nicht in einer Gestalt. Pferdefuß und Hörner sind albern.

ICH (neugierig): Sie sehen nicht aus, als ob Ihr Tagwerk Böses wäre ...

DER TEUFEL: Ich mache meine Hände nicht schmutzig. Das tun die anderen.

ICH: Und was tun Sie?

DER TEUFEL (strafft seine schmalen Schultern): Ich bringe durcheinander. Gestatten: Diabolus. Der Durcheinanderbringer. Das ist mein wirklicher Name. Ich stelle Fragen, die klug klingen, ich streue Zweifel, ich säe Unzufriedenheit.

ICH (ungläubig): Und die Leute hören auf Sie?

DER TEUFEL: Ich zünde ihnen ein Licht an.

ICH: Aber ein Irrlicht!

DER TEUFEL: Wer im Dunkeln Angst hat, freut sich über jedes Licht.

ICH: So naiv sind doch nun wirklich nicht alle!

DER TEUFEL: Wissen Sie, ich weiß, wo ich auftauchen kann. Leere ist das beste Einfallstor. Angst. Unsicherheit. Ich flüstere in ihr Ohr: Du kannst groß sein. Du kannst Macht haben. Dir wird es an nichts fehlen. Ich verspreche, die Angst zu vertreiben und den Schmerz fernzuhalten. Ein Leben mit Garantie. Das wollen alle.

ICH: Aber das können Sie doch niemals halten!

DER TEUFEL (zuckt mit den Schultern): Na und?

ICH: Dann sind Sie der Gegenspieler Gottes?

DER TEUFEL: Ich bin Nichtgott.

ICH: Gott ist überall!

DER TEUFEL: Ja, sicher. Wenn man ihn reinlässt. Für ihn zählte ja schon immer der freie Wille. Darauf gebe ich nichts. Ich dränge mich auf.

ICH: Und – mit Verlaub – kann man nichts gegen Sie tun?

DER TEUFEL: Gegen Gott bin ich machtlos. Glaube, Liebe, Hoffnung – das ist alles viel größer als ich. Aber unter uns gesagt: Würden Sie auf solche luftigen Worte setzen?

(grinst und tritt ab)

Als Jesus in der Wüste war und vierzig Tage gefastet hatte, bekam er Hunger. Da trat der Teufel zu ihm: „Wenn du Gottes Sohn bist, dann lass doch diese Steine zu Brot werden." Jesus antwortete: „Der Mensch lebt nicht vom Brot allein, sondern von Gottes Wort."
Der Teufel nahm ihn mit auf das Dach des Tempels: „Wenn du Gottes Sohn bist, dann wirf dich hinab; denn heißt es nicht: ‚Er wird seinen Engeln befehlen, dich auf Händen zu tragen, damit du deinen Fuß nicht an einen Stein stößt'?" Jesus antwortete: „Es heißt aber auch: ‚Du sollst Gott nicht versuchen.'"
Darauf führte ihn der Teufel auf einen sehr hohen Berg und zeigte ihm die ganze Welt: „Das alles will ich dir geben, wenn du mich anbetest." Da antwortete Jesus: „Verschwinde! Du sollst Gott anbeten und sonst nichts und niemanden." Da verließ ihn der Teufel.

nach Matthäus 4,1–11

Ein Theologieprofessor, der in der NS-Zeit in Deutschland ausharrte, sagte nach dem Krieg zum berühmten Theologen Karl Barth: „Wir haben dem Teufel ins Angesicht geschaut!" Worauf Barth an seiner Pfeife zog und sagte: „Na, da wird er sich aber erschrocken haben, der Teufel!"

Erlöse uns
von dem Bösen
und erlöse uns
von den Dämonen
Sicherheit und Größe
und Stärke und Macht
und Unverwundbarkeit
und Schmerzfreiheit
Erlöse uns
von uns

amen

Sünde

sich verlaufen

Vor allem aber: Vergessen Sie nie, dass Gott, der Herr, Sie liebhat. Daran kann ich gar nicht zweifeln. Erwidern Sie ihm mit gleicher Liebe. Machen Sie nicht viel Wesens aus hässlichen oder sinnlichen Gedanken, aus dem Gefühl der Schwäche oder Lauheit, wenn dies alles gegen Ihren Willen kommt. Von allen diesen oder fast allen diesen Regungen sich frei zu machen, ist nicht einmal einem heiligen Petrus oder einem heiligen Paulus gelungen. Aber wenn man davon auch niemals frei werden kann – viel erreicht man schon dadurch, dass man den ganzen Geschichten keine zu große Beachtung schenkt.

Ignatius von Loyola (1491–1556)

RICHTIGSTELLUNG, betr.: SÜNDE

Aufgrund vieler Missverständnisse stelle ich hiermit richtig, dass 1) ein Stück Schwarzwälder Kirschtorte auch bei Übergewicht noch keine S. ist, 2) die Entscheidungshoheit, was eine S. ist und was nicht, allein bei mir liegt und nicht bei Erdpolizisten, 3) S. kein Kapitalverbrechen, sondern ein Bewegungsmodus* ist und 4) S. nicht durch Wiedergutmachungsleistungen getilgt werden muss (S. ist etwas anderes als Schuld), sondern sich im Kontakt mir mir in Luft auflöst.

gez. Gott

* Wer im Modus der S. lebt, sucht die Ferne von mir.
Wer mir nahe sein will, kann das Wort S. getrost vergessen.

Mein Herz ist schwer
und mein Lebensmut sinkt
wenn alles aus dem Ruder läuft
und ich sehe, wie ich andere verletze
Du siehst das und siehst mich trotzdem weiter an
Es ist nicht zu spät, bei dir niemals
Zieh mich an dich, Gott
Kyrie eleison, erbarme dich

amen

Wo Gottes Geist ist, da ist Freiheit.

2. Korinther 3,17

Gnade

auf Pump leben

Mein Leben: großartig.
Nach knapp vier Wochen ist Paula wieder da, das olle Viech. Kläglich, schnurrend, kampferprobt. Bin so froh; sie hätte ja auch woanders bleiben können.
Unsere Tochter ist sitzengeblieben. Na und?, haben wir tapfer gesagt. Jetzt ist sie über beide Ohren verliebt. Er gibt ihr Nachhilfe in Chemie.
Ronald hat mir verziehen. Wir fahren am Wochenende ins Blaue, obwohl ich es nicht verdient habe. Fühle mich fiebrig vor Scham und Glück.
Zur Geburt unseres Kleinsten haben wir so viel geschenkt bekommen. Ein Postfahrrad voller Liebe. Obwohl wir selbst so schlechte Briefeschreiber sind.
Als meine Oma starb, gab's eine Trauerfeier in der Kirche. Wir waren sonst nur zu Weihnachten da. Plötzlich fühlten wir uns wie zu Hause.

Ich hatte nämlich dieses Wort „Gerechtigkeit Gottes" zu hassen gelernt, das ich als die sogenannte formale oder aktive Gerechtigkeit zu verstehen gelernt hatte, mit der Gott gerecht ist, nach der er Sünder und Ungerechte straft. Ich aber, der ich trotz meines untadeligen Lebens als Mönch mich vor Gott als Sünder mit durch und durch unruhigem Gewissen fühlte und auch nicht darauf vertrauen konnte, ich sei durch meine Genugtuung mit Gott versöhnt: Ich liebte nicht, ja, ich hasste diesen gerechten Gott, der Sünder straft. So raste ich in meinem wütenden, durch und durch verwirrten Gewissen und klopfte unverschämt bei Paulus an dieser Stelle an. Endlich achtete ich in Tag und Nacht währendem Nachsinnen durch Gottes Erbarmen auf die Verbindung der Worte, nämlich „Die Gerechtigkeit Gottes wird in ihm offenbart, wie geschrieben steht ‚Der Gerechte lebt aus dem Glauben'". Da habe ich angefangen, die Gerechtigkeit Gottes so zu begreifen, dass der Gerechte durch sie als durch Gottes Geschenk lebt, nämlich aus Glauben; ich begriff, dass dies der Sinn ist: Offenbart wird durch das Evangelium die Gerechtigkeit Gottes, nämlich die passive, durch die uns Gott, der Barmherzige, durch den Glauben rechtfertigt. Nun fühlte ich mich ganz und gar neugeboren und durch offene Pforten in das Paradies selbst eingetreten. Da zeigte sich mir sogleich die ganze Schrift von einer anderen Seite.

Martin Luther (1483–1546)

Du bist immer schon da
wohin ich auch gehe
wo ich mich auch verstecke
Du kennst mich besser
als ich meine Hosentasche kenne
Du willst bloß meine Liebe
Hier hast du sie
blanko und ohne Garantie

amen

Die Rechtgläubigen brachten eine Frau zu Jesus: „Diese Frau ist auf frischer Tat beim Ehebruch ertappt worden. Mose hat uns im Gesetz geboten, solche Frauen zu steinigen. Was sagst du?“ Jesus bückte sich und schrieb mit dem Finger auf die Erde. Sie ließen nicht locker, bis er sagte: „Wer von euch nie gesündigt hat, werfe den ersten Stein auf sie.“ Und er bückte sich wieder und schrieb auf die Erde. Als sie das hörten, gingen sie weg, einer nach dem anderen. Jesus blieb allein mit der Frau. Er richtete sich auf und fragte: „Wo sind sie hin? Hat dich niemand verdammt?“ Sie antwortete: „Niemand.“ „So verdamme ich dich auch nicht. Geh und tue kein Unrecht mehr.“

nach Johannes 8,3–11

Heiliger Geist
verleiht Flügel

Du bist unbequem. Jesus hätte Zimmermann bleiben können und Petrus Fischer. Katharina von Bora eine brave Nonne, Gandhi ein erfolgreicher Rechtsanwalt. Alle wären zufrieden mit dem, was ist. Die Armen würden sich fügen und die Gläubigen hielten sich an ihre Bischöf*innen. Die Antworten fürchteten keine Fragen und kein Boot müsste durch den Sturm. Der Schlaf der Gewissheit deckte uns sanft. Stattdessen kommst du und wirbelst durcheinander. Stattdessen kommst du und weckst auf. Stattdessen kommst du und verwandelst uns und wir erkennen nicht wieder, was eben noch sicher war. Lebe, rufst du, lebe, und schüttest Kraft aus, mehr, als wir ahnen.

Dem einen schenkt Gott im richtigen Augenblick das richtige Wort. Eine andere kann Gottes Weisheit klar erkennen und weitersagen. Wieder anderen schenkt Gott durch seinen Geist unerschütterlichen Glauben und dem Nächsten die Gabe, Kranke zu heilen. Manchen ist es gegeben, Wunder zu wirken. Einige sprechen in Gottes Auftrag prophetisch; andere können unterscheiden, was von Gott kommt und was nicht. Einige reden in unbekannten Sprachen, und manche können das Gesagte für die anderen auslegen. Dies bewirkt ein und derselbe Geist. So bekommen alle eine besondere Gabe.

1. Korinther 12,8–11

Ich will deinen Mut
Ich will deine Kraft
Ich will deine Eingebung
Führ mich
über mich hinaus
Los komm
ich brauche dich

amen

Von jeder Kanzel und in jeder Mission sollte verkündigt werden: Ihr Menschen seid Gottes! Ob ihr noch gottlos seid oder schon fromm, in Gericht oder Gnade, in Seligkeit oder in Verdammnis, Gottes seid ihr, und Gott ist gut und will euer Bestes. Ob ihr tot seid oder lebendig, ob ihr gerecht seid oder ungerecht, ob ihr im Himmel seid oder in der Hölle, ihr seid Gottes; und sobald ihr einmal in den Glaubensstrom hineingezogen seid, kommt das Gute in euch heraus. Unser Glaube muss ein Leuchten von Gott sein; in den Strom des Glaubens müssen wir die Leute hineinziehen. Wenn wir aber Hindernisse in den Strom hineinwerfen, wenn wir christliche und kirchliche Bedenken haben, wie kann es dann einen Strom geben, der die Leute mitreißt?

Christoph Friedrich Blumhardt (1842–1919)

Segen
Guthaben

Dass es gut wird.
Dass das Leben gelingt.
Dass mich jemand mag und auf mich setzt.
Dass ich Kraft habe wie ein Tiger.
Dass sich jemand ins Zeug wirft für mich.
Dass ich eine Heimat habe, überall auf der Welt.
Dass ich, wenn ich traurig bin, nicht allein bin.
Dass ich immer wieder neu anfangen kann.
Dass ich hoffen darf – und losgehe.

Gott segne dich und behüte dich.
Gott lasse leuchten das Angesicht über dir
und sei dir gnädig.
Gott erhebe das Angesicht auf dich
und gebe dir Frieden.

Der Segen Aarons – der älteste Segensspruch der Bibel, der bis heute in jüdischen und christlichen Gottesdiensten gesprochen wird. (4. Mose 6,24–26)

Gott
ich brauche deinen Segen
wie Wasser und Brot
Mach mich mutig
damit ich für meine Kollegin
für den Bettler vorm Einkaufszentrum
für meinen Bruder
ein Segen bin
Erinnere mich daran
dass ich um deinen Segen immer wieder bitte
um ihn kämpfe
damit das Leben kein kalter Kaffee ist

amen

Jeder Grashalm hat seinen Engel, der sich über ihn beugt und ihm zuflüstert: Wachse, wachse!

aus dem Jüdischen

WACHSE,
WACHSE!

nak nak

unter einem Dach leben

weil man zusammen zu sich kommt

Morgengebet
aufmachen

Meine Hilfe kommt von Gott, die Himmel
und Erde gemacht hat.
Sie wird deinen Fuß nicht gleiten lassen,
und die dich behütet, schläft nicht.
Gott behütet dich; Gott ist dein Schatten
über deiner rechten Hand,
dass dich des Tages die Sonne nicht steche
noch der Mond des Nachts.
Gott behüte dich vor allem Übel,
sie behüte deine Seele.
Gott behüte deinen Ausgang und Eingang
von nun an bis in Ewigkeit!

nach Psalm 121

Ich blinzle unterm Himmelsblau
Und spüre sanft den Morgentau
Meine Augen öffnen sich
Danke, Gott, fürs Tageslicht
Ich gähne und ich strecke mich
Freu mich und versteck mich nicht
Jetzt steh ich auf, will was erleben
Danke, Gott, für deinen Segen

amen

Mein Morgenstern, mein Beinemacher
mein heilend Geist, mein Hier, mein Dort
mein Wegbereiter, Herzausrichter
mein Feuereifer, sei mein Hort

amen

Leg dein Siegel auf mein Herz

Du bist das Glück
und nicht das Geld
Du bist die Liebe
und nicht der Kleingeist
Du bist das Leben
schnür mir die Schuhe

amen

Ein Herz, das schlägt
ein Wort, das hält
ein Mund voll Mut
und Haut, die fühlt
ein Weg, ein Schritt
ein Himmel hoch
den Anfang und das Ende
leg ich in deine Hände

amen

Zusammen leben
täglich Brot teilen

Wenn ich mit Menschen- und mit Engelszungen redete und wüsste alle Geheimnisse und alle Erkenntnis und hätte allen Glauben, so dass ich Berge versetzen könnte, und hätte die Liebe nicht, so wäre ich nichts.

nach 1. Korinther 13,1–2

Räum deine Socken weg. Mach die Zahnpasta zu. Du bist dran mit Abwaschen. Musst du schon wieder fernsehen? Die Milch ist alle! Gibt's heute kein Essen? Lass uns doch mal wieder spazieren gehen! Keine Zeit! Musst du immer so viel Geld für Kleider ausgeben? Kann ich nicht einmal meine Ruhe haben? Nie hörst du mir zu! Nimm die Haare aus dem Abfluss!

SCHLUSS!

Hört auf, kritisch die anderen und euch selbst zu beäugen. Legt eure Bilder beiseite. Setzt euch an einen Tisch und wendet euren Blick. Schließt die Augen. Stellt euch ein Brot vor. Frisch, warm, duftend. Teilt und esst. Ihr habt denselben Geschmack auf der Zunge. Der Laib wird genug sein für jeden, genug für immer. Nennt ihn Christus. Wenn ihr aufsteht vom Tisch, wenn ihr fern seid, wenn ihr zweifelt, wenn ihr streitet, dann erinnert euch. An den Geschmack, an den Geruch, an den Genuss.

Wir teilen
das Brot die Erde das Leben
Wir teilen
die Sterne den Himmel den Geist
Wir teilen
das Gestern den Tag und das Morgen
Wir teilen
uns
Du machst uns ganz

amen

Miteinander reden und lachen,
sich gegenseitig Gefälligkeiten erweisen,
zusammen schöne Bücher lesen;
sich necken,
dabei aber auch sich Achtung erweisen.
Mitunter auch streiten, ohne Hass,
so wie man es wohl einmal mit sich selbst tut.
Manchmal in den Meinungen auseinandergehen
und damit die Eintracht würzen,
einander belehren und voneinander lernen.
Die Abwesenden schmerzlich vermissen,
die Ankommenden freudig begrüßen.
Lauter Zeichen der Liebe und Gegenliebe,
die aus dem Herzen kommen,
die sich äußern in Miene, Wort und
tausend freundlichen Gesten.
Und wie Zündstoff
den Geist in Gemeinsamkeit entflammen,
so dass aus den Vielen eine Einheit wird.

Augustinus (354–430)

Geborgenheit

gehalten werden

- wenn mir jemand die Einkaufstaschen beim Heimkommen abnimmt
- wenn die Kindheit ein großer Spielplatz ist
- wenn die Kassiererin mich beim Namen nennt
- wenn meine Gebete ein Echo haben
- wenn ich weiß, dass die Bergwacht im Dienst ist
- wenn ich jeden Montagabend angerufen werde
- wenn mein Schutzengel mir über die Augenbrauen streicht
- wenn mein Nachbar im Urlaub die Blumen gießt
- wenn ich genügend Kraft zum Lächeln habe
- wenn ich den Frühling schon im Winter rieche

Halt mich
Umfass mich
Ermutige mich
Begeistere mich
Sende mich
Erfülle mich
Tröste mich

amen

Jona war drei Tage und drei Nächte in einem riesigen Fisch gefangen: „Ich rief zu dir in meiner Angst und du antwortetest mir. Ich schrie aus dem Rachen des Todes und du hörtest meine Stimme. Du warfst mich in die Tiefe, mitten ins Meer, dass die Fluten mich umgaben. Alle deine Wogen und Wellen brachen über mir zusammen, dass ich dachte, ich wäre verloren. Wasser umgab mich, die Tiefe zog mich hinab, Schilf bedeckte meinen Kopf. Ich sank und sank und sank. Aber als meine Seele verzagte, rettetest du mein Leben!" Und Gott sprach zu dem Fisch, und der spie Jona aus ans Land.

nach Jona 2,1–11

Von guten Mächten

Von guten Mächten treu und still umgeben,
behütet und getröstet wunderbar,
so will ich diese Tage mit euch leben
und mit euch gehen in ein neues Jahr.

Noch will das alte unsre Herzen quälen,
noch drückt uns böser Tage schwere Last.
Ach Herr, gib unsern aufgeschreckten Seelen
das Heil, für das du uns geschaffen hast.

Und reichst du uns den schweren Kelch, den bittern
des Leids, gefüllt bis an den höchsten Rand,
so nehmen wir ihn dankbar ohne Zittern
aus deiner guten und geliebten Hand.

Doch willst du uns noch einmal Freude schenken
an dieser Welt und ihrer Sonne Glanz,
dann wolln wir des Vergangenen gedenken,
und dann gehört dir unser Leben ganz.

Lass warm und hell die Kerzen heute flammen,
die du in unsre Dunkelheit gebracht,
führ, wenn es sein kann, wieder uns zusammen.
Wir wissen es, dein Licht scheint in der Nacht.

Wenn sich die Stille nun tief um uns breitet,
so lass uns hören jenen vollen Klang
der Welt, die unsichtbar sich um uns weitet,
all deiner Kinder hohen Lobgesang.

Von guten Mächten wunderbar geborgen,
erwarten wir getrost, was kommen mag.
Gott ist bei uns am Abend und am Morgen
und ganz gewiss an jedem neuen Tag.

Dietrich Bonhoeffer (1906–1945)

Dietrich Bonhoeffer schrieb diese Zeilen 1944 im Kellergefängnis als Weihnachtsgruß an seine Verlobte. „So habe ich mich noch keinen Augenblick allein und verlassen gefühlt. Du und die Eltern, Ihr alle, die Freunde und Schüler im Feld, Ihr seid immer ganz gegenwärtig. Wenn es im alten Kinderlied von den Engeln heißt: zweie, die mich decken, zweie, die mich wecken, so ist diese Bewahrung am Abend und am Morgen durch gute unsichtbare Mächte etwas, was wir Erwachsene heute nicht weniger brauchen als die Kinder." Wenige Monate später wurde er von den Nazis umgebracht.

Erziehung
keine große Sache

Als ich einmal erzogen wurde, war das keine große Sache. Ich war einer von dreien, der Jüngste, und eines Tages einfach da. Das Leben meiner Eltern ging weiter. Ich ging auf dieselbe Schule wie alle anderen, bis zur zwölften Klasse. Lernte Russisch, ohne es jemals sprechen zu können, hatte einen Leistungseinbruch in Chemie, langweilte mich später in Französisch und merkte, dass auch der geliebte Philosophielehrer nur mit Wasser kochte.

Ich bekam im Laufe meiner Schulzeit viele Belobigungen. Meist für „gleichbleibend gute Leistungen". Ich war nicht der einzige Ausgezeichnete und kam nie auf die Idee, an Hochbegabung zu leiden. Meine Noten waren Durchschnitt; im Schatten meiner älteren Geschwister, die eben immer schon vor mir da waren, hatte ich ein gutes Auskommen. Ich war Lernschüler (für alle Nicht-Ostdeutschen: Lernpate) und manchmal zornig, ein geschickter Abschreiber und mittelbeliebt. Nachmittags spielte ich oft Fußball mit meinem Freund aus dem Neubaublock. Meist war er Rudi Völler und ich irgendein anderer. Klar, dass er mehr Tore schoss. Außerdem ging ich in die städtische Musikschule. Geigenunterricht von der ersten Klasse an. Damit meine Mutter ein Auge auf mich werfen konnte, sollte ich immer in der Küche üben. Fünfzehn Minuten lang. Da meine Mutter nicht streng und ich kein Paganini war, endeten die Übungen meist in einem Kompromiss. Jahre später wurde ich ein passabler Gitarrist. Sonntags gingen wir in die Kirche, wir Kinder mussten Flöte spielen. Vom Gottesdienst verstand ich nicht viel und manches falsch. Mit siebzehn entdeckte ich, dass es nicht „Christian Lula Gottes" heißt, sondern „Christe du Lamm Gottes". Ich bin bis heute kein frommer Mensch. Dafür kenne ich viele Geschichten aus der Bibel und bin ein anspruchsvoller Gottesdienstbesucher. Ich hatte das Glück, die ersten zwanzig Jahre meines Lebens im selben Haus zu wohnen. Und ich hatte großes Glück, dass sich meine Eltern nicht mit Erziehungsfragen beschäftigten.

Viele Leute brachten ihre Kinder zu Jesus. Aber seine Freunde wiesen sie schroff ab. Als Jesus das sah, wurde er ärgerlich: „Lasst die Kinder zu mir kommen! Für Menschen wie sie ist Gottes Welt gemacht. Wer dieser Welt nicht offen wie ein Kind gegenübersteht, wird nicht in ihr leben.“ Und Jesus nahm die Kinder in seine Arme, legte ihnen die Hände auf und segnete sie.

nach Markus 10, 13–17

So ist Jesus Christus unsere wahre Mutter, er, der durch das Gute das Böse überwindet. Von ihm bekamen wir unser Sein; denn dort liegt der Urgrund der Mütterlichkeit und all die süße Geborgenheit der Liebe, die nie aufhören wird, uns zu umgeben. So wahr Gott unser Vater ist, so wahr ist Gott unsere Mutter. Eine gute, liebevolle Mutter kennt und versteht die Bedürfnisse ihres Kindes. Sie umgibt sie mit großer Zärtlichkeit. Niemals wird sie in ihrer Liebe dulden, dass ihr Kind auf irgendeine Weise in Gefahr gerät. Und selbst wenn unsere irdische Mutter ihr Kind zugrunde gehen ließe, so wird doch Jesus, unsere himmlische Mutter, niemals zulassen, dass wir, seine Kinder, verlorengehen.

Juliana von Norwich (1342–1413)

Ein neuer Tag
Zwei Wege, die man gehen kann
oder auch drei
Ein Fenster ins Gestern
eine Tür ins Heute,
Träume voller Farben, fremde Gerüche
Worte von weit her
Berührungen ganz nah
Stimmen, Schritte
Abdrücke, bestelltes Land
überall du
und ich mittendrin
Behüte mich

amen

Taufe

im Versprechen wohnen

Ich taufe dich
auf den Namen Gottes,
Quelle unseres Lebens,
auf den Namen Jesu Christi,
Grund unserer Hoffnung,
auf den Namen des Heiligen Geistes,
Kraft, die uns bewegt.

Ich taufe dich in eine Welt voller Geschichten hinein – Geschichten von Abraham und Mose, von der mutigen Ruth und dem kühnen David. Ich taufe dich hinein in eine Welt voller Traditionen, Gefühle und Gerüche. Du wirst Freunde haben, die verschiedene Sprachen sprechen und fremde Speisen essen, die sich Christen nennen und mal Lebenskünstler, mal Zaudernde sind – so wie du und ich. Du bekommst einen neuen Namen, den man wie einen Mantel anziehen kann und der das ganze Leben lang hält. So bist du überall auf der Welt weniger allein und schon ein wenig zu Hause. Du bekommst einen Schlüssel für ein Haus mit knarrenden Türen und großen Fensterläden, das darauf wartet, von dir entdeckt zu werden. Immer wenn du dich an deine Taufe erinnerst oder von ihr erzählt bekommst, kannst du dich fallen lassen – und dich neugeboren fühlen. Schön, dass du da bist!
Ich segne dich mit dem Zeichen des Kreuzes auf Kopf, Herz und Hand, damit alles, was du denkst, fühlst und tust, im Zutrauen auf Jesus Christus geschieht.
Friede sei mit dir!

Jesus sagte: „Gott hat mir alle Macht im Himmel und auf der Erde gegeben. Geht los in alle Welt und findet Menschen, die uns folgen: Tauft sie auf den Namen Gottes, des Vaters und des Sohnes und des Heiligen Geistes, und gebt ihnen alles weiter, was ich euch gesagt habe. Ich bin bei euch bis ans Ende aller Zeiten."

Matthäus 28,18–20

Darum hat jeder Christ sein Leben lang genug an der Taufe zu lernen und zu üben. Er hat ja immerfort zu schaffen, dass er das fest glaube, was sie zusagt und bringt: nämlich die Überwindung des Teufels und Todes, Vergebung der Sünde, Gottes Gnade, den ganzen Christus und Heiligen Geist mit seinen Gaben. – Summa, es ist so überschwänglich, dass, wenn's die blöde Natur bedenkt, sie zweifeln sollte, ob es wahr sein könnte.

Martin Luther (1483–1546)

Für Große

Gott, du Freigeist, du Lebendige
erinnere mich an meine Taufe
mindestens einmal im Quartal
mit Wasser und allem was dazugehört
Erinnere mich daran
dass dein Geist Wunder wirkt
mit Feuer und Liebe, Brot und Wein
Erinnere mich daran
dass ich Klaus oder Klara oder ... heiße
vor allem aber Christ oder Christin

amen

Für Kleine

Lieber Gott
du bist bei meinem Kind
das fühle ich
trotzdem hab' ich Angst
Ist dein Segen grenzenlos?
Hat dein Geist genügend Kraft?
Sind deine Engel schnell genug?
Wie neugeboren, hieß es bei der Taufe
und Wasser des Lebens, Licht der Welt
Sei nicht nur da, bitte: Sei hier

amen

Tischgebet
Gott sei Dank

Für dies und das – deo gratias.

Das kürzeste Tischgebet aus dem Franziskanerkloster Vierzehnheiligen. Deo gratias ist lateinisch und heißt: Dank sei Gott.

Tischgebete fand ich immer blöd. Da dampften die Quarkklöße, der Magen knurrte den Semmelbröseln entgegen, mein geistiges Auge entleerte bereits das Schälchen mit Zucker über meinem gefüllten Teller. Aber nein: „Segne, Vater, diese Speise, uns zur Kraft und ... kannst du nicht einmal ruhig sitzen?“, grummelte mein Vater genervt in meine Richtung. Noch einmal. „Segne, Vater, diese Speise, uns zur Kraft, und dir zum Preise.“ Amen und los. Was mich immer geärgert hat, war die Monotonie der Gebetsmelodie – es gab ja nur ein, zwei Gebete zur Auswahl, und mir schien das alles weder besonders andächtig noch irgendwie sinnvoll zu sein. Denn wir teilten unser Essen ja dann doch mit niemandem, und die Dankbarkeit schien mir überstrapaziert.

Auch heute bin ich noch kein großer Fan von Tischgebeten. Zumindest nicht von den Reim-Klassikern. „Alle guten Gaben, alles, was wir haben, kommt, oh Gott, von dir, wir danken dir dafür.“ Oh Gott, ächz, genau so fühle ich mich dann, irgendwie peinlich berührt. Aber ein Tischgebet darf mir doch nicht peinlich sein, das kann Gott nicht wollen. Die Idee eines Tischgebets finde ich eigentlich schön – das ist in etwa so, wie vor einem Länderspiel die Hymne zu singen oder die neue Woche mit dem Gang in die Kirche zu beginnen. Ein Gebet ist dann wie ein Doppelpunkt: Was danach kommt, hat mit dem zu tun, was davor war. Und während ich den Doppelpunkt setze, passiert etwas. Was mich beeindruckt, ist das Dankgebet, das mir ein Freund einmal nahelegte: Blick nach oben und ein kräftiges DANKE gen Himmel. Das ist kurz und üppig, das Essen wird nicht kalt und ich habe das Gefühl, Gott ist nicht nur bei uns, er isst auch mit uns.

Jesus begann zu erzählen. Als der Tag fast vorüber war, sagten seine Freundinnen und Freunde: „Es ist öde hier; lass sie gehen, damit sie sich in den Höfen und Dörfern ringsum Brot kaufen können.“ Jesus erwiderte: „Gebt ihr ihnen doch zu essen!“ Da sagten sie: „Sollen wir etwa für ein Vermögen Brot kaufen?“ Jesus fragte sie: „Wie viel Brote habt ihr?“ „Fünf“, antworteten sie, „und zwei Fische.“ Jesus bat alle Leute, sich in großen Gruppen ins Gras zu setzen. Er nahm die fünf Brote und die zwei Fische, sah zum Himmel, dankte, brach die Brote und gab sie den Freunden, damit sie diese austeilten. Sie aßen und wurden alle satt. Zum Schluss blieben noch zwölf Körbe voller Brotstücke und einiges von den Fischen übrig. Fünftausend Menschen hatten an der Mahlzeit teilgenommen.

nach Markus 6,34–44

Kohlsuppe und Brot
Wasser und drei Äpfel
Danke, Gott, dass wir mehr haben als genug
Du machst uns satt
Wir wollen alles dafür tun
dass es anderen auch so geht
Hilf uns dabei

amen

Streiten

sich auseinandersetzen

Wenn du mit Abel gestritten hättest, Kain, dann hättest du ihn nicht umgebracht. Wenn du deine Wut in Worte gefasst hättest, hättest du merken können, dass sie nicht Abel gilt. Wenn du dich mit Abel auseinandergesetzt hättest, hätte die Wahrheit Platz gefunden. Wenn ihr um die Wahrheit gerungen hättet, wärt ihr Verbündete geworden, selbst wenn eure Meinungen verschieden geblieben wären. Ihr hättet euch erinnert, ihr Anfänger, dass die Welt gegensätzlich ist. Denk an den Himmel und die Erde. Denk an den Tag und die Nacht. Ich und du. Arbeit und Ruhe. Die Wahrheit liegt in der Spannung. Streit ist kein Selbstzweck. Vergiss nicht, Kain: Abel ist dein Mitstreiter.

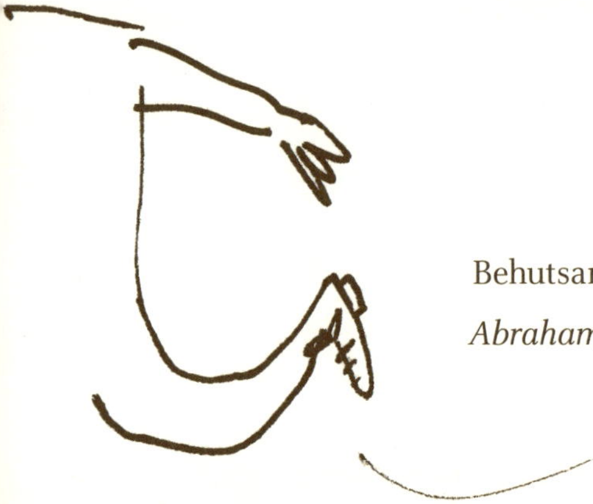

Behutsamkeit gewinnt den Streit.

Abraham a Santa Clara (1644–1709)

Rüste uns aus
Wappne uns
Mit Mund und Ohren
Mit Brot und Liebe
Mit Einsicht und Erkenntnis

amen

Behandelt die anderen so, wie ihr selbst von ihnen behandelt werden wollt.

Matthäus 7,12

Einsamkeit

wenn keiner guckt

Irgendwo muss man dazugehören. Egal ob zur Pferdeclique oder zum TSV 15, sonst bist du kein Mensch, sondern nur ein Wesen. Irgendwer muss dich mal angucken und nicht nur durch dich hindurch. Sonst hältst du es nicht aus, egal, wie cool du tust. Dann bist du der einsame Typ, und sie machen einen Bogen um dich, als wäre das ansteckend.

Es gibt genug Gründe, warum man nicht dazugehört. Klar, wenn du Pusteln am ganzen Körper hast oder wenn du ein Knacki bist, dann hast du es sowieso schwer. Aber vielleicht lebst du auch einfach in zwei Welten, weil deine Mama deinen Papa sitzen gelassen hat (oder umgekehrt), oder du hast kein Kind, während alle um dich herum heilige Familie spielen, oder du bist lesbisch und dein Umfeld weiß nicht mal, wie man das buchstabiert. Es gibt eine Million Gründe zu denken, du bist falsch. Ich kenne das gut. Ich hab' mir einen Panzer zugelegt.

Weil ich Angst habe, dass die Leute mich sehen und denken: Der ist ja nackt. Der kann doch nichts. Der tut nur so. Der ist ja komisch.

Bis gestern einer vor mir stand und sagte: Ich bin Jesus. Und ich dachte, komm, hör auf mit dem religiösen Spuk, so einsam bin ich dann doch nicht.

Aber er sagte: Du bist ja nackt. Und dann guckte er. Guckte in mich hinein, als wäre ich ein offener Schrank, mit all dem Chaos, das eben in einem Schrank herrscht. Aber ihm schien das nichts auszumachen.

Sein Blick war warm. So warm, als hätte jemand eine Decke um mich gelegt. Er hörte gar nicht mehr auf zu gucken. Und unter diesem Blick geh' ich jetzt durch die Welt.

Eine große Menschenmenge folgte Jesus, als er vom Berg herabstieg. Da kam ein Aussätziger und fiel vor Jesus nieder: „Herr, wenn du willst, kannst du mich heilen!“ Jesus streckte die Hand aus, berührte ihn und sagte: „Ich will. Sei gesund!“ Im selben Augenblick war der Mensch von seiner Krankheit geheilt.

Matthäus 8,1–3

Mein Gott, ich liebe dich nicht, ich wünsche es nicht einmal, ich langweile mich mit dir. Aber blicke mich an im Vorübergehen. Tritt einen Augenblick in meine Seele, bring sie in Ordnung mit einem Hauch, unauffällig, ohne mir etwas zu sagen.
Wenn du möchtest, dass ich an dich glaube, bring mir den Glauben.
Wenn du möchtest, dass ich dich liebe, bring mir die Liebe mit.
Ich, ich habe sie nicht, und ich kann nichts dafür.
Ich gebe dir, was ich habe: meine Schwäche, meinen Schmerz.
Und diese Zärtlichkeit, die mich quält und die du so gut siehst ...
Und diese Verzweiflung ...
Und diese verwirrte Scham.

Marie Noël (1883–1967)

Heute verbinde ich

- ❍ mich mit der Welt
- ❍ die Scherben einer Tasse
- ❍ einen Anfang und ein Ende
- ❍ ein schmerzendes Herz
- ❍ den Himmel mit der Erde
- ❍ zwei Einsame miteinander
- ❍ Eier, Butter, Zucker, Mehl
- ❍ einen Wunsch und eine Erfüllung
- ❍ zwei Gegensätze mit einem „und“
- ❍ ...

Dankbarkeit
sehen lernen

Du bist undankbar.

Ich habe auch allen Grund dazu.

Ich bitte dich! Du hast so viel.

Fang jetzt nicht mit den Armen in Afrika an.

So weit brauche ich gar nicht zu gehen. Dir fällt doch so vieles zu!

Aber eben nicht alles.

Ah, das ist es also. Du schmollst. Du bist beleidigt, weil du nicht kriegst, was du willst. Du verhältst dich ja wie ein kleines Kind! Dabei überhäuft dich das Leben mit Nettigkeiten! Hast du das vergessen? Wie viele Botschaften hast du an Häuserwänden gefunden? Wie viele Erfolge staunend gefeiert? Wie viele Freunde waren an deiner Seite? Wie sehr hast du die Morgenstunden am Radio genossen? Wie gern dich im Spiegel betrachtet? An Schneeflocken konntest du dich sattsehen, und das Meer hat Muscheln vor deine Füße gespült. Das alles war doch für dich!

Du hast meinen Körper und meine Seele gemacht, im Leib meiner Mutter hast du mich gebildet. Ich danke dir, dass ich wunderbar bin. Großartig ist alles, was du geschaffen hast – das erkenne ich!

Psalm 139,13–14

Die Sonne scheint für dich – deinetwegen; und wenn sie müde wird, beginnt der Mond, und dann werden die Sterne angezündet.
Es wird Winter, die ganze Schöpfung verkleidet sich, spielt Verstecken, um dich zu vergnügen.
Es wird Frühling, Vögel schwärmen herbei, dich zu erfreuen, das Grün sprießt, der Wald wächst schön und steht da wie eine Braut, um dir Freude zu schenken.
Es wird Herbst, die Vögel ziehen fort, nicht, weil sie sich rar machen wollen, nein, nur damit du ihrer nicht überdrüssig würdest. Der Wald legt seinen Schmuck ab, nur um im nächsten Jahr neu zu erstehen, dich zu erfreuen.
Lerne von der Lilie und lerne vom Vogel, deinen Lehrern: zu sein heißt: für heute da sein – das ist Freude.

Søren Kierkegaard (1813–1855)

Danke für den Tag,
wenn die Nacht schlaflos
danke für den Abend,
wenn der Tag traumlos war
Danke für den Kaffee,
die Wiesenblumen, den Meerrettich
danke für das Licht, das Telefon,
die Vögel vorm Fenster
Danke für liebste Freunde,
nette Postboten und schöne Frauen
danke für das Heute, das Sein und
alles Mögliche

amen

Abendgebet
abgeben

Du erforschst mich und kennst mich.
Ich sitze oder stehe, so weißt du es;
du verstehst meine Gedanken von fern.
Ich gehe oder liege, so bist du um mich
und siehst alle meine Wege.
Es ist kein Wort auf meiner Zunge,
das du nicht schon wüsstest.
Von allen Seiten umgibst du mich
und hältst deine Hand über mir.
Führe ich gen Himmel, bist du da;
bettete ich mich bei den Toten, bist du auch da.
Nähme ich Flügel der Morgenröte
und bliebe am äußersten Meer,
so würde auch dort deine Hand mich führen und
deine Rechte mich halten.
Spräche ich: Finsternis möge mich decken
und Nacht statt Licht um mich sein,
so wäre auch Finsternis nicht finster bei dir,
und die Nacht leuchtete wie der Tag.

aus Psalm 139

Lieber Gott
ich sag dir drei Dinge, die gut waren
an diesem Tag
denn drei Dinge gibt es immer
und sei es der Kaffee in der Tasse
der Sonnenfleck im Kinderzimmer
die Farbe Gelb auf meinem Schreibtisch

amen

Du bist die Hand an meiner Schulter
Du bist das Wärmmeinherz
mein Heimkehrhaus
Du bist am Abend
meine Höhle
ich kriech hinein
komm, schlaf bei mir

amen

Wache du, Gott, mit denen,
die wachen oder weinen in dieser Nacht.
Hüte deine Kranken,
lass deine Müden ruhen,
segne deine Sterbenden.
Tröste deine Leidenden.
Erbarme dich deiner Betrübten
und sei mit deinen Fröhlichen.

Augustinus (354–430)

Die Sterne tanzen am Himmel Ballett
Den Schornsteinen geht die Puste aus
Ein Musikant verschnürt seinen Kontrabass
Ein paar Kinder träumen von Gold und Elefanten
Das Nordmeer zieht sich zum Mond zurück
Die Tausendfüßler ziehen ihre Stiefel aus
Ein Bäcker schnarcht und sein Freund sieht fern
Zwei Müllmänner machen die Lichter aus
Im Radio wird nur noch Musik gespielt
Kommissarinnen ermitteln im Schein
von Nachttischlampen
Sei bei uns, Gott
Behüte uns

amen

hooô

Haltung zeigen

weil die Welt eine Wohngemeinschaft ist

Barmherzigkeit

einfach freundlich sein

Damals, dieser Mann in der Bar, irgendwo am Atlantik. Seinen Namen habe ich vergessen, irgendwie klang er nach tausendundeiner Nacht. Er hatte freundliche Augen, seine Hände ruhten keine Minute. Er kochte und zapfte Bier, wischte Tische, plauderte mit Gästen und grüßte die Vorübergehenden, als wären sie Schwestern und Brüder. Keine Spur von Hektik. Aufmunternde Worte in jede Richtung. Wie es der Mutter gehe, ob das mit dem Zimmer geklappt habe, ob der Neffe die Schuhe nun haben wolle. Der Mann schien gänzlich unverschlossen. Während er im Küchenverschlag Auberginen garte, erzählte er von damals. Bei der Bank habe er gearbeitet, jahrelang, ein guter Job, aber das könne man ja nicht ewig machen. Diese Bar, das wäre jetzt sein Leben. Treffpunkt für Tagediebe, Touristen, Durstige. Menschen wie du und ich. Er servierte seine Auberginen, brachte ein paar Kindern einen Würfelbecher. Erst später merkte ich, dass nur wenige Gäste zahlten. Und es sah auch nicht danach aus, als ob der „Patron" etwas aufschriebe. Später hörte ich, dass die Bar stadtbekannt sei, ein Refugium für Einsame und Zechpreller. Nicht dass das irgend so ein Mitleidsding wäre oder gar religiös, mon dieu, nein, der Patron, der sei einfach so.

Die Barmherzigkeit Gottes ist wie der Himmel, der stets über uns fest bleibt. Unter diesem Dach sind wir sicher, wo auch immer wir sind.

Martin Luther (1483–1546)

Ich bin hungrig gewesen und ihr habt mir zu essen gegeben. Ich bin durstig gewesen und ihr habt mir zu trinken gegeben. Ich bin ein Fremder gewesen und ihr habt mich aufgenommen. Ich bin nackt gewesen und ihr habt mich gekleidet. Ich bin krank gewesen und ihr habt mich besucht. Ich bin im Gefängnis gewesen und ihr seid zu mir gekommen.

Matthäus 25,34–36

Gott, du bist freundlich
mach unsere Herzen weich
damit wir hören und fühlen
nicht feilschen und makeln
Gott, du bist listig
bring uns aus dem Gleichgewicht
damit wir mehr sehen
als auf Augenhöhe ist
Gott, du bist warmherzig
findest uns schöner, als wir sind
bring ihn uns bei
diesen gütigen Blick
Herr, erbarme dich

amen

Zehn Gebote
Anleitung zur Freiheit

Ich bin da. Ich bin dein Gott, ich habe dich aus der Sklaverei befreit.

2. Mose 20,1

Und darum bist du frei. Frei wie ein Vogel am Ostseestrand. Du weißt, was du an mir hast. Wie ich bei dir stehe, so stehst du zu mir. Mein Name klingt süß in deinen Ohren – und er klingt nach Verheißung. Weil du befreit bist vom Gewinnenmüssen, nimmst du dir Zeit für mich. Einen Tag in der Woche. Zeit für mich ist Zeit für dich. Weil du befreit bist von Selbstgefälligkeiten, bist du freundlich zu denen, die dich erträumt und gemacht haben. Weil du frei bist von Allmachtsfantasien, zerstörst du kein Leben und keine Liebe. Und weil ich dich liebe und dich schön finde, lebst du im Sein, nicht im Haben. Du bist frei wie ein Vogel am Ostseestrand. Du musst nichts und du sollst nichts. Du kannst.

1 Ich bin dein Gott. Du brauchst keine anderen Götter neben mir.

2 Und darum:
Missbrauche den Namen deines Gottes nicht.

3 Halte den Feiertag heilig.

4 Achte deine Eltern.

5 Töte nicht.

6 Respektiere die Liebesbeziehungen der anderen.

7 Nimm niemandem etwas weg.

8 Verbreite keine Lügen über andere.

9 Schiele nicht auf fremdes Eigentum.

10 Neide nicht das Leben der anderen.

Martin Luther, Kleiner Katechismus (reloaded)

Man fragte Rabbi Bunam: „Was ist mit Götzenopfer gemeint? Es ist doch ganz undenkbar, dass ein Mensch einem Götzen Opfer darbringt!“ Er sagte: „So will ich euch ein Beispiel geben. Wenn ein frommer und gerechter Mann mit anderen bei Tisch sitzt und würde gern noch etwas mehr essen, aber seines Ansehens bei den Leuten wegen verzichtet er darauf, das ist Götzenopfer.“

Martin Buber (1878–1965)

Du gibst Signale, Gott
bist Feuer des Nachts
und Wolke am Tag
Ich will mich nach dir richten
wie nach einem Kompass
und Lieder von der Freiheit singen

amen

Gerechtigkeit

maßlos sein

Was anderes sind Staaten, wenn ihnen die Gerechtigkeit fehlt, als große Räuberbanden? Sind doch auch Räuberbanden nichts anderes als kleine Staaten. Auch da ist eine Schar von Menschen, die unter Befehl eines Anführers steht, sich durch Verabredung zu einer Gemeinschaft zusammenschließt und nach fester Übereinkunft die Beute teilt. Wenn weitere schlechte Menschen dazukommen und dieses üble Gebilde so ins Große wächst, dass es ganze Regionen besetzt, Städte erobert, Völker unterworfen werden, nimmt es ohne weiteres die Bezeichnung Reich an, die es offenkundig nicht erhält, weil ihm die Habgier abhanden gekommen wäre, sondern weil es Straffreiheit erlangt hat. Treffend darum die Antwort, die ein aufgegriffener Seeräuber Alexander dem Großen gegeben hat. Denn als der König den Mann fragte, was ihm einfalle, dass er das Meer unsicher mache, erwiderte er mit freimütigem Trotz: Und was fällt dir ein, dass du den Erdkreis unsicher machst? Freilich, ich tu's mit einem kleinen Schiff und heiße Räuber, du tust's mit einer großen Flotte und heißt Imperator.

Augustinus (354–430)

Wie im Himmel, so auf Erden

Wenn das Wenn aufhört und das Dann
ist der Zorn nur noch eine ferne Erinnerung.
Die Rache findet Frieden.
Das Zählen hört auf. Auch das Heimzahlen.
Recht hat niemand. Aber aufgerichtet werden alle.
Die Liebe macht keinen Unterschied.
Die Tür bleibt angelehnt.

Auf deinem Aber wächst Gras.

Gott
Gerechtigkeit für alle
in unseren Herzen
und unseren Einkaufswagen
auf unseren Bankkonten
und in unseren Kaffeetassen
im Alltag und darüber hinaus
leih uns dein Maß

amen

Mit Gottes Welt ist es wie mit einem Weinbauern, der früh morgens Arbeiter einstellt. Er vereinbart den Lohn und schickt sie in seinen Weinberg. Er geht wieder los und stellt andere ein. Mittags tut er dasselbe. Am späten Nachmittag sieht er weitere dastehen und fragt: „Warum arbeitet ihr nicht?“ „Niemand hat uns eingestellt.“ „Geht in meinen Weinberg. Ich werde euch gerecht bezahlen.“ Am Abend gibt der Weinbauer allen ihren Lohn. Die Letzten bekommen so viel wie die Ersten. Einige murren: „Wir haben mehr getan. Also verdienen wir auch mehr.“ Der Weinbauer antwortet: „Worüber beschwert ihr euch? Habt ihr nicht bekommen, was ich euch versprochen habe? Nehmt euren Lohn und geht. Seid ihr etwa neidisch, weil ich gütig bin?“

nach Matthäus 20,1–15

Courage

mutiger sein, als man ist

So klar ist das nicht, dass es sich zu leben lohnt. So klar ist das nicht, dass die Guten gewinnen. Und so klar ist das auch nicht, dass ich hoffe auf morgen.

> *Mache dich auf und werde Licht, denn dein Licht kommt und die Herrlichkeit Gottes geht auf über dir.*

So klar ist das nicht, dass Grünzeug durch die Ödnis bricht. So klar ist das nicht, dass man mir ein Lächeln schenkt. Und so klar ist das auch nicht, dass ich mich für andere ins Zeug werfe.

> *Brich mit den Hungrigen dein Brot – dann wird dein Licht hervorbrechen wie die Morgenröte und deine Heilung wird schnell voranschreiten und deine Gerechtigkeit wird vor dir hergehen und die Herrlichkeit Gottes wird deinen Zug beschließen.*

So klar ist das nicht mit den dauerglühenden Herzen.
So klar ist das nicht mit dem Positiver-Denken-Quatsch.
Und so klar ist das auch nicht mit meinem Heldenmut.

> *Sei getrost und unverzagt, denn Gott ist mit dir, wohin du auch gehst.*
>
> *aus Jesaja 60,1, Jesaja 58,7, Josua 1,9*

Ich glaube, dass das Leben gut ist und nicht nichtig.
Ich glaube, dass ich manchmal einsam bin, aber nie allein.
Ich glaube, dass zwischen dem, was ist, und dem, was sein könnte ein himmelweiter Unterschied ist.
Schick deinen Geist auf mich, damit ich mutig werde.

amen

Ruth war Witwe. Sie arbeitete auf dem Feld bei einem Bauern mit Namen Boas. Er war besonders freundlich zu ihr und lud sie zum Essen ein. Ruth erzählte ihrer Schwiegermutter davon. Die kannte Boas gut und sagte: „Du brauchst einen neuen Mann. Heute Abend ist Boas auf seiner Tenne und drischt. Bade dich, verwende duftende Salben, zieh dein schönstes Kleid an und geh zu ihm. Pass auf, dass er dich nicht entdeckt, bevor er gegessen und getrunken hat. Wenn er dann eingeschlafen ist, schlüpf unter seine Decke!" Ruth ging hinab zur Scheune und tat alles, was ihre Schwiegermutter gesagt hatte. Als Boas sich schließlich hinter einen Kornhaufen schlafen legte, schlich Ruth sich leise zu ihm. Er schreckte auf: „Wer bist du?" Sie antwortete: „Ich bin's, Ruth. Lass mich unter deine Decke und nimm mich zur Frau." Und es dauerte nicht lange, da heirateten sie.

nach Ruth 3

Wir werden aber geplagt von Mücken, Fliegen und Ungeziefer und so weiter, das ist vom Teufel, Welt und unserem eigenen Fleisch. Aber da muss man hindurchreißen und sich nicht irre machen lassen!

Martin Luther (1483–1546)

Zorn

kein Ja und Amen

> **Zürnt, aber sündigt nicht – lasst die Sonne nicht über eurem Zorn untergehen.**
>
> *Epheser 4,24*

Selig sind die Sanftmütigen, sagt Jesus seinen Leuten, denn sie werden das Erdreich besitzen. Und die Zornigen? Die sich um die Vögel in den Wäldern und die Pflanzen auf dem Felde sorgen? Um nachhaltigen Fernverkehr und Gerechtigkeit für die Enkel und Urenkelinnen? Was sagt Jesus den Menschen, die angesichts der Blindheit der Welt in Rage geraten?

Jesus hat gezürnt, als das Haus Gottes zum Kaufhaus wurde und er die gierigen Augen der Händler sah. Er warf ihre Tische um, er vertrieb sie und räumte auf: „Mein Haus soll ein Ort des Gebets sein, ihr habt eine Räuberhöhle daraus gemacht.“

Der Zorn weckt weggedämmerte Lebensgeister aus der Gleichgültigkeit. Guter Zorn empört sich im Sternzeichen Liebe. Damit sich was verändert und die Welt keine Räuberhöhle bleibt. Menschen zünden Kerzen an – und in diesem Funken flackert eine andere Zukunft auf.

Selig sind die Sanftmütigen. Ihr Zorn sei es auch.

Lasset die Geister aufeinanderprallen, aber die Fäuste haltet stille.

Martin Luther (1483–1546)

Sei bei uns, Gott
schütze uns vor
blindem Jähzorn
zeig uns immer auch
die andere Seite

amen

Widerstand
deutlich werden

Wo stehst du?
Weiß du, wo deine Grenzen sind?
Hast du das Leben vom Ende her bedacht?
Nimmst du dich selber ernst?
Weißt du, was du nicht mehr willst?
Was willst du ändern?
Warum sagst du das nicht lauter?
Wann fängst du an, du selbst zu sein?

People are suffering. People are dying. Entire ecosystems are collapsing. We are in the beginning of a mass extinction, and all you can talk about is money and fairy tales of eternal economic growth. How dare you!

Menschen leiden, Menschen sterben, ganze Ökosysteme kollabieren. Wir stehen am Anfang eines Massensterbens, und alles, worüber ihr redet, sind Geld und Märchen über ewiges Wirtschaftswachstum. Wie könnt ihr es wagen!

Greta Thunberg

Reinige mich von meiner Schuld, dann bin ich wirklich rein; wasche meine Sünde ab, dann bin ich weißer als Schnee! Schenke mir ein reines Herz, Gott, und einen wachen, gehorsamen Geist. Dann will ich allen von dir erzählen, damit sie zu dir zurückkehren.

nach Psalm 51,9–15

Ich bitte dich um Klarheit, Gott
Sehen, was mit mir los ist
und sehen, was nottut

Ich bitte dich um Wahrheit, Gott
erkennen, was du willst
und erkennen, was ich kann

Ich bitte dich um Freiheit, Gott
möglich machen, was du für möglich hältst:
Liebe und Einspruch und Gemeinschaft und Friede

amen

Demut

sich in andere Hände geben

Demut, das schönste aller Mutworte. Kleinmut, Großmut, Hochmut, Langmut, Übermut, Demut. Schade, wenn dieses zarte Wort missbraucht wird. Denn es gehört zwischen Himmel und Erde – und nicht in irdische Hierarchien. Sicher kann man Demut lernen. Aber nicht von Vorgesetzten, Besserwissern und Moralaposteln. Vor einem guten Chef habe ich Respekt. Vor vielen Menschen tiefe Achtung. Wird Demut aber eingefordert, verwandelt sich das Wort zur Bestie: aus Demut wird Demütigung. Das Wort gehört in den Himmel. Nicht in Menschenhand. Wenn ich vor Gott stehe, mit großem Staunen, im Glanz der Sonne und unter der Weite des Himmels, dann will ich „Ah!“ sagen oder „Oh!“. Ich möchte singen und Gott loben, Himmelsschöpferin und Erdenbauer. Dann weiß ich, dass es mehr als alles gibt – und mehr auch, als mein Kopf begreift. Dann weiß ich, dass Gott uns anschaut. Jede und jeden. Ich lege mich in Gottes Hände.

Ich lobe meinen Gott

Tut nichts aus Selbstsucht oder Eitelkeit, sondern nehmt euch selbst zurück. Achtet euer Gegenüber höher als euch selbst. Denkt nicht an euren eigenen Vorteil, sondern an das, was den anderen dient.

nach Philipper 2,3–4

Das ist eben jene gegenseitige Berührung, in der das Obere das Niedere anblickt und umgekehrt. In dieser gegenseitigen Berührung und Begegnung aber küssen und umarmen Oberes und Niederes einander in der ihrer Natur und ihrem Wesen entsprechenden Liebe.

Meister Eckhart (1260–1328)

Angst
ins Bodenlose gucken

Meine Held*innen sind, die Widerstand geleistet haben. Die Attentäter des 20. Juli, die Geschwister Scholl, Janusz Korczak. Die Feuerwehrleute, die ins World Trade Center gegangen sind, mitten hinein ins strahlende Atomkraftwerk von Fukushima. Meine Heldinnen sind die Frauen, die sich mit nackter Haut Diktatoren entgegenstellen. Wie geht das? Wie können Menschen, die das Leben lieben, den Tod in Kauf nehmen, als Konsequenz einer Überzeugung, die größer ist als die Angst? Warum haben sie keine Angst – oder haben sie?
Einmal las ich eine Geschichte von einem Kind. Es hatte von eben diesen mutigen Menschen gehört. „Nie", sagte es, „werde ich jemals so tapfer sein können." Die Mutter schickte das Kind in den Keller, einen Eimer Kohlen zu holen. Es kam mit einem einzigen Brikett zurück. „Mehr kann ich nicht tragen." „Siehst du", antwortete die Mutter, „das brauchst du jetzt auch noch nicht. Und so ist es mit der Tapferkeit. Es gibt sie nicht im Voraus. Wenn du sie brauchst, wird sie dir zuwachsen."
Auch Held*innen haben Angst, große Angst. Aber auch etwas, das noch größer ist, eine Kraft, die ihnen zuwächst. Vielleicht geht es gar nicht darum, keine Angst zu haben. Vielleicht schauen sie in den Abgrund, der schwarz und fürchterlich ist, aber sie spüren: Da ist ein Netz.

Man kann die Angst mit einem Schwindel vergleichen. Wer in eine gähnende Tiefe hinunterschauen muss, dem wird schwindlig. Doch was ist die Ursache dafür? Es ist in gleicher Weise sein Auge wie der Abgrund – denn was wäre, wenn er nicht hinuntergestarrt hätte? Demgemäß ist die Angst jener Schwindel der Freiheit, der aufkommt, wenn die Freiheit hinunter in ihre eigene Möglichkeit schaut und dann die Endlichkeit ergreift, um sich daran zu halten. In diesem Schwindel sinkt die Freiheit nieder.

Søren Kierkegaard (1813–1855)

Jesus ging mit seinen Liebsten in einen Garten am Fuß des Ölbergs. Er war traurig und hatte Angst. Er sagte: „Meine Seele ist zu Tode betrübt. Bleibt bei mir und wacht mit mir!“ Dann ging er ein paar Schritte, warf sich auf den Boden und betete: „Mein Gott, wenn es möglich ist, lass diesen Kelch an mir vorübergehen. Aber nicht, was ich will, soll geschehen, sondern was du willst.“

nach Matthäus 26,36–39

Liebe Angst,
du sorgst dich um mich.
Du willst mich beschützen.
Weil du mein Bestes willst.
Das Beste will ich auch.
Vertrau mir.

amen

Krieg
in Ohnmacht fallen

JA

Kriege dürfen nicht sein.
Manchmal sind sie nicht zu verhindern.
Rechtserhaltende Gewalt kann ein Ausweg sein.
Kriegsleute sind oft friedliebende Menschen.
Auch Pazifisten können schuldig werden.
Die Würde des Menschen liegt in Ohnmacht.
Gott weint.

ABER

Uns ist ein Kind geboren, ein Sohn ist uns gegeben, und die Herrschaft ruht auf seiner Schulter; und er heißt Wunder-Rat, Gott-Held, Ewig-Vater, Friede-Fürst; auf dass seine Herrschaft groß werde und des Friedens kein Ende auf dem Thron Davids und in seinem Königreich, dass er's stärke und stütze durch Recht und Gerechtigkeit von nun an bis in Ewigkeit.

nach Jesaja 9,5–6

Wenn sich's begibt, dass zwei Ziegen einander begegnen auf einem schmalen Steg, der über ein Wasser geht, wie halten sie sich? Sie können nicht wieder hinter sich gehen, so mögen sie auch nicht nebeneinander hingehen, der Steg ist zu eng. Sollten sie denn einander stoßen, so möchten sie beide ins Wasser fallen und ertrinken. Was tun sie denn? Die Natur hat ihnen gegeben, dass sich eine niederlegt und lässt die andere über sich hingehen; also bleiben sie beide unbeschädigt. Also sollte ein Mensch gegen dem anderen auch tun und auf ihm lassen mit Füßen gehen, ehe denn er mit einem anderen sich zanken, hadern und kriegen sollte!

Martin Luther (1483–1546)

Ihr habt gehört: Du sollst deinen Nächsten lieben und deinen Feind hassen. Ich sage: Liebt eure Feinde und bittet für die, die euch verfolgen, dann werdet ihr Töchter und Söhne Gottes. Denn Gott lässt seine Sonne über Böse und Gute aufgehen und lässt es über Gerechte und Ungerechte regnen. Wenn ihr nur zu euren Freunden freundlich seid – was ist schon Besonderes daran?

nach Matthäus 5,43–47

Ich glaube, Gott
dass du nicht ohnmächtig bist
Bring unsere Logik durcheinander
nach der man gewinnen muss
Befreie uns von der Dummheit
von Alternativlosigkeit zu reden
Begleite uns in Krisen und Kriegen
als Dünnhäutige und Friedensbringer

amen

Frieden

heile Welt

Es ist Krieg.
Wir sind fassungslos.
Unsere Kraft liegt am Boden.
Was können Gebete ausrichten?

Wir wollen beten.
Auf Gottes Friedenstraum hören.
Und wach werden in der Gegenwart Gottes.

Der Friede Gottes breite sich über uns aus.
Wie oft wir das sagen. Nicht oft genug.
Der Friede Gottes breite sich aus.
Und finde seine Wege.
Dorthin, wo es brennt.

amen

Offener Brief an Gott

Wenn es dich gibt, warum greifst du nicht ein?
Nein – halt, warte, das soll gar keine Frage sein, weil jetzt nicht die Zeit für philosophische Gedankenspiele ist. Wenn es dich gibt, dann tu was. Fall Herrn Putin in den Arm und seinen Mitstreitern auch.
Du kannst einwenden, dass meine Bitte spät kommt, Kriege gibt es auf der Welt, solange ich lebe. Du hast recht. Aber ich bin – im Gegensatz zu dir – ein Mensch. Je näher das Unfassbare kommt, desto fassungsloser macht es mich. Ich habe kluge Bücher gelesen und mir Antworten zurechtgelegt, warum du das tust: Nichts tun. Dass du nicht kannst, ist so ein verstörender Gedanke. Wenn nicht mal du – wie dann wir? Ich wage nicht, um Trost zu bitten, weil andere den viel dringender brauchen. Jede Bitte kommt mir falsch vor, weil hinter allen Bitten die eigentliche steht: Mach dem Töten ein Ende.
Ich fühle, dass es dich gibt. Ist das alles?, frage

Ich (auf Flügeln der Morgenröte unterwegs)

Liebe Susanne,
ich weiß, dass dein Herz brennt wie das vieler, und ihr es eigentlich nicht mehr aushaltet, fassungslos seid, wie du schreibst.
Mir geht es auch so, obwohl ich durch die Jahrtausende schon so viele Kriege miterlebt und durchlitten habe.
Und wie du ahnst, ich schicke alle Engel, die ich habe. Sie versuchen Tag und Nacht die Herzen zu erreichen, die Kriegstreiber aufzuschrecken, die Lüge zu entlarven. Aber meine Engel können keine Arme festhalten oder Münder verschließen und ich kann es auch nicht, weil ich mir und der Welt versprochen habe: Ich lasse euch nicht los, aber ich halte euch auch nicht fest, gebe euch die Verantwortung für euer Miteinander.
Nein, ich habe mich nicht aus der Verantwortung oder gar aus der Welt entlassen. Ich sitze in den Luftschutzkellern und den U-Bahnschächten. Ich liege unter Trümmern und blute auf Straßen. Ich werde angeschossen und ans Kreuz geschlagen.
Aber das ist das Ende nicht. Und das letzte Wort ist noch nicht gesprochen über die Kriegsherren und den Herren aller Kriegsherren, den Tod.

... so könnte vielleicht Gott antworten, dachte ich. Aber natürlich ist es mein Denken und ich ringe genauso wie du, liebe Susanne mit Gott um eine heilvolle Welt.

Matthias Simon

Auf der Rückseite der Tage wird der Berg, der das Haus Gottes ist, feststehen. Viele Völker werden sagen: Kommt, lasst uns hinaufziehen, dass Gott uns unterweise. Und Gott wird für Recht sorgen zwischen den Nationen und vielen Völkern Recht sprechen. Dann werden sie ihre Schwerter zu Pflugscharen schmieden und ihre Speere zu Winzermessern. Keine Nation wird gegen eine andere das Schwert erheben, und das Kriegshandwerk werden sie nicht mehr lernen.

nach Jesaja 2

Es ist jetzt schon soweit gekommen, dass man den Krieg allgemein für eine annehmbare Sache hält und sich wundert, dass es Menschen gibt, denen er nicht gefällt [...] Wie viel gerechtfertigter wäre es dagegen, sich darüber zu wundern, welch' böser Genius, welche Pest, welche Tollheit, welche Furie diese bis dahin bestialische Sache zuerst in den Sinn des Menschen gebracht haben mag, dass jenes sanfte Lebewesen, das die Natur für Frieden und Wohlwollen erschuf, mit so wilder Raserei, so wahnsinnigem Tumult zur gegenseitigen Vernichtung eilte. Wenn man also zuerst nur die Erscheinung und Gestalt des menschlichen Körpers ansieht, merkt man denn nicht sofort, dass die Natur, oder vielmehr Gott, ein solches Wesen nicht für Krieg, sondern für Freundschaft, nicht zum Verderben, sondern zum Heil, nicht für Gewalttaten, sondern für Wohltätigkeit erschaffen habe? Ein jedes der anderen Wesen stattete sie mit eigenen Waffen aus, den Stier mit Hörnern, den Löwen mit Pranken, den Eber mit Stoßzähnen, andere mit Gift, wieder andere mit Schnelligkeit. Der Mensch aber ist nackt, zart, wehrlos und schwach, nichts kann man an den Gliedern sehen, was für einen Kampf oder eine Gewalttätigkeit bestimmt wäre. Er kommt auf die Welt und ist lange Zeit vor fremder Hilfe abhängig, kann bloß durch Wimmern und Weinen nach Beistand rufen. Die Natur schenkte ihm freundliche Augen als Spiegel der Seele, biegsame Arme zur Umarmung, gab ihm die Empfindung eines Kusses, das Lachen als Ausdruck von Fröhlichkeit, Tränen als Symbol für Sanftmut und des Mitleids.

Erasmus von Rotterdam (ca. 1464–1536)

Da sagte Jesus: Stecke dein Schwert an seinen Ort! Denn wer das Schwert nimmt, wird durch das Schwert umkommen.

Matthäus 26,52

Du hast Gedanken des Friedens.
Aber jetzt ist Krieg.
Wir haben Angst.
Wie zerbrechlich unsere Sicherheiten sind,
wie gefährdet unsere Ordnungen.
So viel Bosheit und Sturheit, Hass und Hetze.

Sieh all die Not, Gott.
Sieh unsere Angst.

Wir brauchen Haltung und Hoffnung.
Wir brauchen dich.
Damit das Blutvergießen ein Ende findet.

amen

Dann gibt es nur eins!

Du. Mann an der Maschine und Mann in der Werkstatt. Wenn sie dir morgen befehlen, du sollst keine Wasserrohre und keine Kochtöpfe mehr machen, sondern Stahlhelme und Maschinengewehre. dann gibt es nur eins:
Sag NEIN!
Du. Mädchen hinterm Ladentisch und Mädchen im Büro. Wenn sie dir morgen befehlen, du sollst Granaten füllen und Zielfernrohre für Scharfschützengewehre montieren, dann gibt es nur eins:
Sag NEIN!
Du. Besitzer der Fabrik. Wenn sie dir morgen befehlen, du sollst statt Puder und Kakao Schießpulver verkaufen, dann gibt es nur eins:
Sag NEIN!
Du. Forscher im Laboratorium. Wenn sie dir morgen befehlen, du sollst einen neuen Tod erfinden gegen das alte Leben, dann gibt es nur eins:
Sag NEIN!
Du. Dichter in deiner Stube. Wenn sie dir morgen befehlen, du sollst keine Liebeslieder, du sollst Hasslieder singen, dann gibt es nur eins:
Sag NEIN!
Du. Arzt am Krankenbett. Wenn sie dir morgen befehlen, du sollst die Männer kriegstauglich schreiben, dann gibt es nur eins:
Sag NEIN!
Du. Pfarrer auf der Kanzel. Wenn sie dir morgen befehlen, du sollst den Mord segnen und den Krieg heilig sprechen, dann gibt es nur eins:
Sag NEIN!
Du. Mutter in der Normandie und Mutter in der Ukraine, du, Mutter in Frisko und London, du, am Hoangho und am Mississippi, du, Mutter in

Neapel und Hamburg und Kairo und Oslo – Mütter in allen Erdteilen, Mütter in der Welt, wenn sie morgen befehlen, ihr sollt Kinder gebären, Krankenschwestern für Kriegslazarette und neue Soldaten für neue Schlachten, Mütter in der Welt, dann gibt es nur eins:
Sagt NEIN! Mütter, sagt NEIN!

Wolfgang Borchert (1921–1947, gekürzte Fassung)

Frieden üben

Selig sind
die der Sonne eine Kerze anzünden
sie werden Kinder Gottes heißen
Selig sind
die vorm Nachtisch aufstehen
sie sollen satt werden
Selig sind
die etwas sehen, was es noch nicht gibt
sie werden das Erdreich besitzen
Selig sind
die im Voraus lieben
ihnen gehört das Himmelreich

Gott umhülle uns mit Zärtlichkeit.
Jesus stelle unser Tun infrage.
Die Kraft des Heiligen Geistes schenke uns Besonnenheit.
Gott segne und behüte uns – an jedem Tag und in jeder Nacht.

amen

Gewissen
Echo Gottes

Es ist zerbrechlich. Es braucht viel Pflege. Auch mit achtzehn ist es nicht erwachsen. Es ist mein zweites Ich, vielleicht sogar mein erstes. Zur Rampensau taugt es weniger.
Es braucht Ermutigung, Freundinnen und Herzenswärme.
Es geht auf die Schule, lebenslang. Es wohnt irgendwo zwischen Milz und Leber, vielleicht auch ein Stück höher. Es gedeiht in der Todeszone, das Gewissen. Es wird mich niemals verlassen, nicht, wenn ich es leben lasse. In seiner Schwäche ist es stark. Es pfeift auf Gesetze und hat doch Regeln. Es weiß um mein Wissen und lacht über meine Cleverness.
Ein Schlitzohr ist es nicht. Es ist das Echo der Stimme Gottes.

> **Der Kern der Heiligen Schrift ist doch, dass die Menschen sich einander zuwenden und füreinander da sind, und zwar aus reinem Herzen, gutem Gewissen und ungeheucheltem Glauben. Davon sind einige abgekommen und haben sich in leerem Geschwätz verloren.**
>
> *nach 1. Timotheus 1,5–6*

Lieber Gott
bist du in mir, geht es mir gut
Dann weiß ich, was ich denken soll
wann ich protestieren muss
an wen ich Zeit und Kraft verschenke
Lieber Gott
bist du weg, bin ich verloren
Dann folge ich Irrlichtern
Tag und Nacht
erkenne meine und deine Freunde nicht
Lieber Gott
bist du in mir, weiß ich wohin
Dann spüre ich mein Inneres
stärker als mein Äußeres

amen

Wenn ich nicht durch Schriftzeugnisse oder einen klaren Grund widerlegt werde – denn allein dem Papst oder den Konzilien glaube ich nicht; es steht fest, dass sie häufig geirrt und sich auch selbst widersprochen haben –, so bin ich durch die von mir angeführten Schriftworte überwunden. Und da mein Gewissen in den Worten Gottes gefangen ist, kann und will ich nichts widerrufen, weil es gefährlich und unmöglich ist, etwas gegen das Gewissen zu tun. Gott helfe mir. Amen.

Martin Luther vor dem Wormser Reichstag 1521

Pfingsten

begeistert sein

Da öffnet Gott die Türen und reißt die Fenster auf, dass Wind in die Sache kommt und die Angst fortpustet, und Friederike fühlt sich plötzlich beschwingt wie nach einer halben Flasche Champagner. Der Herr Bischof spürt ein Beben in seinem Herzen und ist so erleichtert, weil er mit seiner Liebe nicht mehr hinterm Berg halten muss. Egon Hinterwald wundert sich, dass man alles auch ganz anders sehen kann, als er es tut, aber noch mehr wundert ihn, dass ihn das gar nicht mehr ängstigt. Hilde aus dem Frauenkreis lernt von Janne, was „queer" bedeutet, und beide spüren eine Weite im Kopf, als hätten sie nach Jahren den Dachboden entrümpelt. Worte wie Sehnsucht, Großmut, Gnade leuchten auf. Nichts davon lässt sich in Stein meißeln. Zwischen den alten Mauern wird es eng. Gott ruft: „Wer hat gesagt, dass ihr Mauern braucht?" Gemeinsam treten sie ins Freie, Friederike und der Herr Bischof, Hilde und Egon. Petrus und Phoebe sind dabei, Johanna und Jakobus. Herr Windli bringt seine Maria mit und Janne schwenkt eine Regenbogenflagge. Mireile singt ein gregorianisches Lied, nebenan setzen Technoklänge ein – und es ergänzt sich erstaunlich gut. Dazwischen schwebt Gott, überall zugleich. Alle haben sie gesehen, haben ihn gehört, haben es gespürt. Tausend Geschichten werden zu einer. Niemand will Recht haben. Macht ist ein vergessenes Wort, denn alle verstehen, was stark macht: miteinander reden, voneinander lernen, aufeinander hören. Eine macht den anderen groß. Niemand will der Größte sein.

Und alle Welt beginnt zu staunen über jene, die leicht wirken und deren Worte nicht erschlagen, sondern prickeln wie ein junger Champagner oder weiße Johannisbeerschorle.

Ich bin das heimliche Feuer in allem,
und alles duftet von mir,
und wie der Atem im Menschen, Hauch der Liebe,
so leben die Wesen und werden nicht sterben,
weil ich ihr Leben bin.
Ich flamme als göttlich feuriges Leben
über dem prangenden Feld der Ähren,
ich leuchte im Schimmer der Glut,
ich brenne in Sonne, Mond und in Sternen,
im Windhauch ist heimlich Leben aus mir
und hält alles zusammen, weil es allen Seele gibt.

Hildegard von Bingen (1098–1179)

Zum Beginn des jüdischen Wochenfestes trafen sie sich alle wieder. Plötzlich kam ein gewaltiger Sturm vom Himmel und erfüllte das ganze Haus, in dem sie waren. Dann sahen sie etwas wie züngelndes Feuer, das sich auf ihnen allen niederließ. Sie begannen, in fremden Sprachen zu reden, alle so, wie der Geist es ihnen eingab. Zum Fest waren viele fromme Juden aus aller Welt gekommen. Als sie das Brausen hörten, liefen sie von allen Seiten herbei. Verwirrt hörte jeder die Männer und Frauen in seiner eigenen Sprache reden. „Wie ist das möglich?", riefen sie. „Alle diese Leute sind doch von hier, und nun hören wir sie in unserer Muttersprache reden; wir hören sie in unseren eigenen Sprachen von den wunderbaren Dingen Gottes reden!" Andere spotteten: „Sie sind betrunken vom süßen Wein."

nach Apostelgeschichte 2,1–13

Du schwebst zwischen Legosteinen und Lieblingsbüchern,
über der Tasse Kaffee am Morgen
Du bist auf Bahnhöfen unterwegs,
in Herzkammern, auf Campingplätzen
Fahr uns in die Glieder, klopf an unser Herz
Lass uns wachsen über Nacht,
dass die Kleider des Wenn und Aber zu eng werden
Begeistere uns

amen

arbeiten
und
anhalten

weil wir von Brot
und Liebe leben

Sinn

Mut zum Sein

Du sagtest leben laut und sterben leise und wiederholtest immer wieder: Sein.

Rainer Maria Rilke (1875–1926)

Sinn: den ersten Schnee riechen. Spüren, wenn einer traurig ist. Wolle auf der Haut. Einen Aprikosenschnitz auf der Zunge zergehen lassen. Das Gluckern eines Bachs hören. Zwischentöne hören. Eine neue Sommersprosse entdecken. Der Verzweiflung ins Auge sehen. Den Tod am Feuer sich wärmen lassen, bevor er weiterzieht. Mit dem Zweifel Kreuzworträtsel lösen. Da sein, wo man nicht sein möchte. Der Angst mit Großmut begegnen. Es sich nterm Apfelbaum gemütlich machen und auf die Verheißung vertrauen. Sinn ist Sein.

Sammelt keine Reichtümer hier auf der Erde! Denn ihr müsst damit rechnen, dass Motten und Rost sie zerfressen oder Einbrecher sie stehlen. Sammelt lieber Schätze bei Gott. Dort gehen sie nicht kaputt und niemand kann sie wegnehmen. Wo euer Schatz ist, da ist euer Herz.

nach Matthäus 6,19–21

Wer von Zweifel und Sinnlosigkeit überwältigt ist, kann sich nicht von ihnen befreien; er verlangt nach einer Antwort, die innerhalb dieser Situation gültig ist und nicht außerhalb liegt. Wenn man nicht versucht, der Frage auszuweichen, gibt es nur eine Antwort, nämlich die, dass der Mut, der Verzweiflung standzuhalten, selber Glaube ist und Mut zum Sein gleichsam an seiner äußersten Grenze ausdrückt. In dieser Situation ist der Sinn des Lebens auf den Zweifel an dem Sinn des Lebens reduziert. Aber da dieser Zweifel ja selbst ein Akt des Lebens ist, ist er etwas Positives trotz seines negativen Inhalts. In religiöser Sprache würde man sagen, dass man sich bejaht als bejaht trotz des Zweifels am Sinn dieser Bejahung.

Paul Tillich (1886–1965)

Lieber Gott
ich schließe einen Pakt mit dir
Du zeigst mir, dass du da bist
und ich lebe, so gut ich kann
Einverstanden?

amen

Ehrgeiz

eine Ich-AG

Hat man je gehört, dass Gott geizig wäre? „So, bitte schön, ein bisschen Liebe, teil sie dir gut ein, mehr gibt's heute nicht." Niemals. Gott ist die mit dem Füllhorn, Überfluss für alle. Also bräuchte überhaupt niemand mehr mit irgendwas zu geizen, es kommt ja genug nach. Dabei soll man doch ehrgeizen. Die eigenen Pläne ehrgeizig zu verfolgen, gilt als Tugend. Geiz kommt von Gier. Noch im 16. Jahrhundert hieß es Ehrgier. Ehrgeizige Menschen wollen es zu was bringen. Genauer gesagt wollen sie sich zu etwas bringen. Zum Applaus. Zur Anerkennung. Sie gieren nach Größe. Vergebliche Liebesmüh. „Ich danke dir, dass ich wunderbar gemacht bin", sagt ein unbekannter Psalmbeter. Jawohl. Irgendwer, der eben nicht irgendwer ist, weil von Gott gemacht. Applaus! Groß sein wollen? Bist du doch schon!

Du bist größer, Gott.
Ein Glück!

amen

Der Bauer will ein Bürger, der Edelmann ein Grafe, der Grafe ein Fürst, der Fürst Kaiser und der Kaiser Gott sein. Darum verkehren sie den Engelgesang und singen: Ehre und Lob sei hieniden auf Erden der roten Gülden, der weißen Joachimstalern, meiner Gewalt, Gunst, Kunst, gnädigen Fürsten und guten Freunden. Nun singet getrost, lieben Gesellen, was gibt's aber, es wird ein Eselsgesang daraus werden, das sich hoch anhebt, und zuletzt wird ein I-a draus.

Martin Luther (1483–1546)

Mein Gott, wer bin ich denn, dass du gerade mich und meine Familie so weit gebracht hast? Und jetzt willst du mir sogar noch mehr schenken. Du hast mir ein Versprechen gegeben, das bis in die ferne Zukunft reicht. Du erhöhst mich, als wäre ich ein großer und bedeutender Mensch! Was soll ich noch sagen? Du verstehst mich und meinen Dienst ja auch ohne Worte.

1. Chronik 17,16–18

Arbeiten
dem Leben dienen

SUCHE TEILZEITKRÄFTE

- Alter und Ausbildungsniveau egal
- Aufwand 12 Stunden täglich:

  4 Stunden Lohnarbeit (Land/Wirtschaft, Hand/Werk, Maschinen/Bau, Bildungs/Wesen, Pflege/Dienst ...)

  4 Stunden Herzarbeit (Seelen/Heil, Schreib/Kunst, Theater/Spiel ...)

  4 Stunden Nichtarbeit (Muße, Gebet, Lektüre, Chor, Boule ...)
- Bezahlung: Lohnarbeit nach Grundeinkommenstarif, Herzarbeit unentgeltlich, Nichtarbeit mit erfolgsorientierter Prämie
- Anforderungen: Pioniergeist, Gemeinsinn, Herzenswärme, Selbstachtung, Verantwortungsbereitschaft
- Einstieg jederzeit möglich

Wir freuen uns auf Ihre Bewerbung!
Ihre AgenturGott

Die Menschen plagen sich und tun bei der Arbeit alles, was sie können, um besser als andere zu sein. Das ist sinnlos und ein Haschen nach Wind.

nach Prediger 4,4

Hilf mir, Gott,
das rechte Maß zu finden
Hilf mir, nicht auf Heller und
Pfennig zu schauen, sondern
auf das, was dem Leben dient
Hilf mir, mich für das zu
lieben, was ich bin, und nicht
für meine Überstunden

amen

Das könnte mir gefallen
Dass ich den Schöpfer preisen möge,
der alle Dinge lenkt,
den Himmel mit seinen Engeln,
die Luft, die See, ja, schlichtweg alles.
Dass ich gern mit Hilfe meiner Bücher
nachsinne über das, was meiner Seele guttut,
eine Weile zum Lobpreis des geliebten Himmels nutze,
mich einen Zeitraum den Psalmen zuwende.
Dass ich Zeit haben möge,
Seetang von den Felsen zu ernten,
oder Gelegenheit zu fischen,
eine Spanne Zeit, die Armen zu speisen,
auch, um in meiner Zelle zu sein.
Zeit zum Gebet für das Königreich des Himmels,
für unsere Erlösung wünsche ich mir,
dazu eine Arbeit, nicht zu schwer –
das könnte mir gefallen.

Columban von Iona (521/22–597)

Freiheit

verantwortlich sein

> **Alles ist mir erlaubt, aber nicht alles dient zum Guten. Alles ist mir erlaubt, aber es soll mich nichts gefangen nehmen.**
>
> *1. Korinther 6,12*

Darf ich mich zu Ihnen setzen? Ich bin fünfunddreißig und mir geht's gut. Keine Klagen. Mein Vater arbeitet in einer Druckerei, meine Mutter in der Verwaltung, ich habe einen Vollzeitjob mit vielen Freiräumen. Ich hab' in sechs Städten gelebt, war in neun Ländern, sogar in Peru und auf der Insel Krim. Ich habe ein paar richtig gute Freunde, mit denen ich später zusammen ins Altersheim will, und ich bin glücklich mit meiner Frau, über unseren kleinen Sohn lache ich mich jeden Morgen kaputt, so drollig ist der. Kaum eine Generation vor mir hatte so viele Freiheiten, vom Finanziellen einmal abgesehen.

Ich gehöre zur goldenen Generation der Möglichkeiten, seit fünfzehn Jahren mache ich eigentlich, was ich will. Ich weiß, dass das nicht selbstverständlich ist. Ich hab' ein Stipendium bekommen, obwohl ich dachte, so was kriegen nur die Superhelden. Stimmt aber nicht – Gott sei Dank. Bei jedem Umzug, bei jedem Neuanfang surfte ich auf der Neugierwelle. Klar, ich hab' mir auch Beulen geholt, auch einmal aufgegeben, weil ich damals im Süden überhaupt nicht klarkam. Trotzdem, jeder Schritt und jeder Fehltritt hat mich weitergebracht. Immer, wenn ich aufgebrochen bin, hab' ich mich selbst aufgebrochen. Ich war offen und verletzlich und hab' mich nie freier gefühlt.
Jetzt bin ich froh, hier zu sein, und möchte ein paar Jahre bleiben. Mittlerweile frage ich nicht mehr, wohin als Nächstes, sondern was eigentlich zählt, was meine Fixpunkte sind. Sorry, jetzt hab' ich die ganze Zeit geredet. Sie merken schon, Freiheit heißt für mich, neugierig sein zu dürfen. Aber wer sind Sie eigentlich? Fühlen Sie sich frei?

Du bist die Hülle meiner Träume
die Wörter, an denen ich mich
anlehnen kann
das Leuchtfeuer im Meer der
Möglichkeiten
der Soundtrack meiner
Liebesgeschichte
Halt mich frei, Gott

amen

Wir Christen sind Protestleute gegen den Tod. Redet nicht, seid Auferstandene! Durch Auferstehung wird der Mensch frei von allen Zwängen, in die er gesellschaftlich oder kirchlich gerät. Aufstehen, Stehen und Widerstehen gehören zusammen.

Christoph Friedrich Blumhardt (1842–1919)

Neid
haben wollen

> **Ich bin dein Gott, ich habe dich aus der Knechtschaft befreit.**
> *2. Mose 20,2*

10 Tipps, garantiert unzufrieden zu bleiben

1. Vergleiche dich.

2. Schau nicht zu lange auf das, was du hast und bist. Am Ende könntest du zufrieden sein. Sieh lieber auf das, was andere haben.

3. Verzage nicht, falls dein Auto größer, dein Job besser oder dein Mann charmanter ist. Du findest garantiert etwas, das du nicht hast. Und sei es der seltene Sittich deiner Nachbarin (dass dich Sittiche eigentlich nicht interessieren, spielt hier keine Rolle).

4. Setz dir in den Kopf, dass du dies auch haben musst. Vorher wirst du nicht glücklich.

5. Kultiviere deine eigene Unzufriedenheit. Beständiges Mäkeln hilft.

6 Mach die Dinge der anderen madig, die du dir heimlich wünschst. Drei Kinder verursachen viel Arbeit, eine weiße Couch zieht Flecken an, Führungspersönlichkeiten sind korrupt. Dir wird schon etwas einfallen.

7 Tu das am besten im Beisein anderer.

8 Verbanne die Worte Großmut und Gelassenheit aus deinem Wortschatz.

9 Verfalle auf keinen Fall der Idee, der bewunderten Person nachzueifern und dein eigenes Leben zu ändern.

10 Falls dir irgendetwas hiervon kindisch erscheint:
Ignoriere es.

Gott
ich fühle mich nackt
Ich will haben, damit ich bin
Leg mir deinen Mantel um
und deinen Arm
In dir bin ich alles

amen

Täglich zu singen

Ich danke Gott und freue mich
Wie's Kind zur Weihnachtsgabe,
Dass ich bin, bin! Und dass ich dich,
Schön menschlich Antlitz habe,

Dass ich die Sonne, Berg und Meer
Und Laub und Gras kann sehen
Und abends unterm Sternenheer
Und lieben Monde gehen,

Und dass mir denn zumute ist,
Als wenn wir Kinder kamen
Und sahen, was der heil'ge Christ
Bescheret hatte, Amen!

Ich danke Gott mit Saitenspiel,
Dass ich kein König worden;
Ich wär geschmeichelt worden viel
Und wär vielleicht verdorben.

Auch bet ich ihn von Herzen an,
Dass ich auf dieser Erde
Nicht bin ein großer reicher Mann
Und auch wohl keiner werde.

Denn Ehr und Reichtum treibt und bläht,
Hat mancherlei Gefahren,
Und vielen hat's das Herz verdreht,
Die weiland wacker waren.

Und all das Geld und all das Gut
Gewährt zwar viele Sachen;
Gesundheit, Schlaf und guten Mut
Kann's aber doch nicht machen.

Und die sind doch, bei Ja und Nein!
Ein rechter Lohn und Segen!
Drum will ich mich nicht groß kastei'n
Des vielen Geldes wegen.

Gott gebe mir nur jeden Tag,
So viel ich darf, zum Leben.
Er gibt's dem Sperling auf dem Dach;
Wie sollt er's mir nicht geben!

Matthias Claudius (1740–1815)

Erschöpfung
sich abhanden kommen

Sohn gezeugt. Haus gebaut. Baum gepflanzt. Geschäft abgeschlossen. Marathon gelaufen. Zehntausend Follower. An den Valentinstag gedacht.
ERROR.

Doktorabeit summa cum laude. Auf den Mittagsschlaf verzichtet. Fünf-Gänge-Menü gekocht. Applaus für Vortrag bekommen. Spanisch gelernt.
ERROR. SYSTEM ÜBERLASTET.

NEUSTART
Einen Hund kraulen.
Dem Mond beim Aufgehen zusehen.
Leerzeilen lassen.

Wo soll ich anfangen? Am besten bei deinen zahlreichen Beschäftigungen, denn ihretwegen habe ich am meisten Mitleid mit dir. Ich fürchte, dass du, eingekeilt in diese, keinen Ausweg mehr siehst und deshalb deine Stirn verhärtest; dass du dich nach und nach des Gespürs für einen durchaus richtigen und heilsamen Schmerz entledigst. Es ist viel klüger, du entziehst dich von Zeit zu Zeit deinen Beschäftigungen, als dass sie dich ziehen und dich nach und nach an einen Punkt führen, an dem du nicht landen willst.
Du fragst, an welchen Punkt? An den Punkt, wo das Herz anfängt, hart zu werden. Frage nicht weiter, was damit gemeint sei: Wenn du jetzt nicht erschrickst, ist dein Herz schon so weit. Wenn du dein ganzes Leben und Erleben völlig ins Tätigsein verlegst und keinen Raum mehr für Besinnung vorsiehst, soll ich dich da loben? Darin lobe ich dich nicht. Ich glaube, niemand wird dich loben, der das Wort Salomons kennt: „Wer seine Tätigkeit einschränkt, erlangt Weisheit."
Wie kannst du aber voll und echt sein, wenn du dich selber verloren hast? Wenn also alle Menschen ein Recht auf dich haben, dann sei auch du selbst ein Mensch, der ein Recht auf sich selbst hat. Warum solltest einzig du selbst nicht von dir alles haben? Wie lange noch schenkst du allen anderen deine Aufmerksamkeit, nur nicht dir selber? Ja, wer mit sich schlecht umgeht, wem kann der gut sein? Denk also daran: Gönne dich dir selbst. Ich sage nicht: Tu das immer. Ich sage nicht: Tu das oft, aber ich sage: Tu es immer wieder einmal. Sei wie für alle anderen auch für dich selbst da, oder jedenfalls sei es nach allen anderen.

Bernhard von Clairvaux (1090–1153) an Papst Eugen III.

Iss dein Brot mit Freuden, trink deinen Wein mit gutem Mut; denn dein Tun hat Gott schon längst gefallen. Lass deine Kleider immer weiß sein und lass deinem Haupt Salbe nicht mangeln. Genieße das Leben mit den Menschen, die du lieb hast, solange du das vergängliche Leben hast, das dir Gott unter der Sonne gegeben hat. Das ist dein Teil am Leben.

Prediger 9,7

Ich kann nicht mehr
Ich fühl nicht mehr
Meine Worte sind alle
Wieg mich
in deinem Arm

amen

Reichtum

wenn's reicht

Geld kann den Hunger nicht stillen, sondern ist im Gegenteil der Grund für Hunger. Denn wo reiche Leute sind, da ist alles teuer. Außerdem macht das Geld niemanden fröhlich. Es macht einen mehr betrübt und voller Sorgen. Das sind nämlich die Dornen, welche den Menschen stechen, wie Christus den Reichtum nennt. Dennoch ist die Welt so töricht und will all ihre Freude darin suchen. Ein Mensch, der sich der Welt Reichtum und Ehre ergeben hat und indessen seiner Seele und Gottes vergisst, der ist gleich einem kleinen Kindlein, das einen Apfel in der Hand hält, der schön ist von Gestalt und äußerlicher Farbe, und meint, er habe etwas Gutes; inwendig aber ist er faul und voller Würmer.

Martin Luther (1483–1546)

Und wenn morgen die Welt unterginge,
dann möchte ich sagen können, danke,
es hat gereicht.
Ich habe jeden Apfel und jeden Hummer genossen,
und eins von beiden war immer da.
An Wolkenspielen habe ich mich sattgesehen,
und Wein war in den Gläsern und Brot auf dem Tisch,
und unsere Gedanken schwappten über.

Und wenn morgen die Welt unterginge,
dann möchte ich sagen können, danke,
ich habe geliebt.
Mein Herz habe ich verschenkt,
obwohl ich Angst hatte.
Ich habe geküsst, auch wenn zu arbeiten
ergiebiger gewesen wäre,
ich habe Münzen in Mützen geworfen und
morgens im Bus gelächelt.

Und wenn morgen die Welt unterginge,
dann möchte ich sagen können, danke,
ich habe gelebt
und die Lebensmittel nicht
zu meiner Lebensmitte gemacht
und mein Bankkonto nicht meine Freiheit
bestimmen lassen
und mein Glück nicht an die Couch gehängt,
die ich mir leisten konnte oder auch nicht.

Wenn morgen mein Leben endete,
dann möchte ich sagen können, danke,
ich habe geglaubt,
dass Gottes Reich mitten zwischen uns ist,
und der Eintritt ist frei.

Lass los, die du bedrückst, gib frei, die du mit Unrecht an dich gebunden hast. Hole die Hungernden an deinen Tisch, nimm die Obdachlosen bei dir auf, gib denen, die in Lumpen herumlaufen, etwas zum Anziehen und hilf allen, die Hilfe brauchen! Dann wird dein Glück aufstrahlen wie die Sonne am Morgen und du wirst gesund.

nach Jesaja 58,6–8

Mach mich reich
Gott
füll mein Herz
dass ich es ausschütten kann
großzügig
für und für

amen

Sonntag

sich frischmachen

Die Welt hält an. Wie ein Kettenkarussell nach irrer Fahrt. Noch dreht sich alles in meinem Kopf, aber Stopp ist Stopp, aussteigen!

Ich mache Frühstück, ziehe den Stecker aus dem WLAN-Router und lass die Zeitung knistern.

Ich werfe meiner Liebsten Luftküsse zu und krieche zurück unter ihre Decke. Glockenläuten holt uns wieder in den Tag. Draußen hören wir Menschen, die lachen, und Kinder, die juchzen vor Glück und Übermut. Wir dösen, strecken uns, gehen raus ans Wasser. Werfen den Mist der letzten Tage am Fähranleger in die Strömung. Sofort weg alles. Wir schweigen, hören die Möwen und Schiffsmotoren.

Es gibt nichts zu sagen. Der Kopf scheint leer. Nach einer Ewigkeit ist er mit Ideen gefüllt. Erik einladen, bei den Eltern für die Fotos bedanken, das rote Fahrrad reparieren, auf dem Friedhof vorbeischauen. Am besten gleich. Auf dem Rückweg kommen wir an einer Kapelle vorbei. Die Tür ist zu, die Glocken schweigen. Schade. Krimi oder Fußmassage? Wir verebben auf dem Sofa. Loben das Wetter draußen und die Wärme drinnen.

Wir sind guter Dinge, seltsam erfrischt. Kein Zweifel: Gott hat uns besucht. Oder wir ihn? Die Welt setzt sich wieder in Bewegung, der Tag geht. Langsam. Und langsam beginnt die neue Woche.

Am Sonntag, dem ersten Tag der Woche, waren sie alle zusammen. Aus Angst vor den Verfolgern hatten sie die Tür fest verschlossen. Da kam Jesus, trat in ihre Mitte und sagte: „Frieden sei mit euch!"

nach Johannes 20,19

mit dir: schieß ich nicht übers Ziel hinaus
mit dir: vergess ich das Luftholen nicht
mit dir: seh ich mich in einem anderen Licht
mit dir: muss nichts bleiben wie es ist
mit dir: ist Sonntag keine Pflicht sondern Kür

amen

Der Sonntag und die staatlich anerkannten Feiertage bleiben als Tage der Arbeitsruhe und der seelischen Erhebung gesetzlich geschützt.

Grundgesetz der Bundesrepublik Deutschland, Art. 139

Unsere Seele ist wie ein Wachs, was man hineindrucket, des Bilde behälts: Also soll man Gottes Bilde in deiner Seele sehen wie in einem Spiegel, wo man ihn wendet, das siehet man darinnen. Wendest du einen Spiegel um gegen den Himmel, so siehest du den Himmel darinnen; wendest du ihn gegen die Erde, so siehest du die Erde darinnen: Also deine Seele, wohin du dieselbige wenden wirst, dessen Bild wird man darinnen sehen.

Johann Arndt (1555–1621)

Träumen

Tür zum Paradies

Als du einmal im Supermarkt stehst und Kressesamen suchst, entdeckst du ein kleines Tütchen: „Paradiessamen". Das ist ja was, denkst du, und trägst sie zur Kasse. Zu Hause öffnest du die Tüte, aber zu deiner Enttäuschung ist sie leer. Da entdeckst du die Gebrauchsanleitung auf der Rückseite: Paradiessamen: Träume im Herzensgrund versenken, täglich mit Zuversicht und Liebe gießen. Benötigen etwas Pflege, gedeihen auch im Schatten. Auch auf festgetretenem Boden keimfähig. Anfangs frei von Druck, Angst und Zweifel halten, bis Trieb stark genug. Aussaat: ab sofort. Blütezeit: ganzjährig.

Dir fallen deine Träume wieder ein, die großen und die kleinen. Die Reise in die Mongolei. Das Haus mit den roten Fensterläden. Der Mann, der deine Liebe sein sollte. Die silberne Hochzeit in der goldenen Kutsche. Das Buch, das du schreiben wolltest, die Hühner, die deine Frühstückseier legen sollten. Die Gitarre, die friedliche Welt, der Marathonlauf, das Wochenende für dich. Du wiegst das Tütchen in der Hand und beschließt, Gärtner zu werden. Paradiesgärtnerin. Du säst, ein anderer lässt wachsen.

Und Gott erschien des Nachts im Traum und sagte: Bitte, was ich dir geben soll!

1. Könige 3,5

versenk dich in träume
sonst wirft dich ein schlagwort um
(sie wurzeln in bäumen
und wind ist wind)

vertrau deinem mut
wenn die meere auflodern
(und lebe der liebe
und kreisten die sterne rückwärts)

ehre das vergangene
aber freu dich der zukunft
(und vergiss den tod
beim hochzeitsfest)

was kümmert dich eine welt
voller schurken und helden
(denn gott liebt die mädchen
das morgen und die erde)

Edward Estlin Cummings (1894–1962)

Lieber Gott
du hast die Liebe versprochen
und das Sein
Du hast den Himmel versprochen
und das Leben
Ich fordere:
nichts weniger
als das!

amen

sterben und hoffen

weil wir nicht das letzte Wort haben müssen

Tod

Seitenwechsel

Der Anruf kam am Vormittag. Wenn du Opa nochmal sehen willst, musst du jetzt kommen. Ich fuhr los. Ich hatte Angst. Wie ist Sterben? Was muss ich tun? Erschrick nicht, sagten die anderen, wenn du ihn siehst. Er lag zu Hause, in dem Zimmer, in dem schon Oma und Uroma gestorben waren und in dem bei Familienfesten auf langer Tafel die Torten standen. Nebenan kochte der Spargel. Der war hinterher vollkommen matschig, wir aßen ihn trotzdem. Niemals, dachte ich später, als ich in meinem roten Golf durch Weizenfelder fuhr, werde ich diesen Geruch von zu lange gekochtem Spargel vergessen, niemals werde ich dieses Gesicht vergessen, das so eingefallen und geschrumpft war und nicht mehr seins zu sein schien.

Wir waren zu viert, drei Frauen und Opa, lange hatten wir uns nicht gesehen. Wir redeten ein bisschen, während wir da an seinem Bett saßen, ich war sicher, er hört uns, obwohl er nicht mehr sprechen konnte. Er hatte Morphium oder so etwas bekommen. Dass gleich etwas Unglaubliches geschehen würde, wollte nicht in meinen Kopf. Viel eher war es so, als würde er einschlafen, leise. Stört ihn nicht. Sein Atem wurde weniger und noch weniger und schließlich lag er nur noch da. Hinübergegangen in eine andere Welt. Danach brach die zurückgelassene Welt zusammen. Das Weinen seiner zweiten Frau, die Beerdigung, die Auflösung des Hauses. Das Nie-wieder.

Den Spargelgeruch habe ich vergessen und auch sein Gesicht verschwamm. Das andere ist geblieben. Jemanden bis an die Pforte begleiten, sich umdrehen und weitergehen. Heiliger Moment.

Wenn man so jedermann auf Erden Abschied gegeben hat, dann soll man sich allein auf Gott richten. Denn dorthin wendet sich und führt uns auch der Weg des Sterbens. Und zwar fängt hier die enge Pforte an, der schmale Pfad zum Leben; darauf muss sich jeder fröhlich wagen. Denn er ist wohl sehr enge, aber er ist nicht lang; es geht hier zu, wie wenn ein Kind aus der kleinen Wohnung in seiner Mutter Leib mit Gefahr und Ängsten hineingeboren wird in diesen weiten Raum von Himmel und Erde, das heißt auf diese Welt: Ebenso geht der Mensch durch die enge Pforte des Todes aus diesem Leben, und obwohl der Himmel und die Welt, worin wir jetzt leben, für groß und weit angesehen wird, so ist es doch alles gegenüber dem zukünftigen Himmel viel enger und kleiner als es der Mutter Leib gegenüber diesem Himmel ist.

Sermon von der Bereitung zum Sterben, Martin Luther (1483–1546)

Vielleicht ist dein Himmel ein Kleid, Gott
in das wir hineinschlüpfen wie in eine zweite Haut
Vielleicht wartest du am Ufer eines Sees
in den wir mutig springen müssen
Vielleicht hast du längst ein Zimmer bereitet
in deinem Haus
und wir wechseln nichts weiter als die Räume
Bleib bei uns

amen

Ich bin überzeugt, dass weder Tod noch Leben, weder Engel noch Dämonen, weder Gegenwärtiges noch Zukünftiges noch irgendwelche Mächte, weder Himmel noch Hölle noch irgendein anderes Geschöpf uns von der Liebe Gottes trennen kann.

Römer 8,38–39

Leiden
aushalten

Als ich dachte, ich würde den Schmerz nicht aushalten, sagte ich zu Gott: Wenn es dich gibt, dann musst du dich zeigen, jetzt. Keine Diskussion. Sei da und tu, was du kannst. Die einzige Möglichkeit, an dich zu glauben, ist, dass du diesen Schmerz genauso wenig willst wie ich. Dann sind wir auf der gleichen Seite. Ich glaube, dass Gott mit mir weinte und mit mir schrie. Aber er hielt auch mein Herz. Ich weiß nicht, wie er es machte, aber ich kam durch den Schmerz durch. Nicht unversehrt, aber lebendig. Ich weiß nicht, wie das möglich war. Vielleicht, weil wir zu zweit waren.

Sei bei mir und halt mich fest
Sei bei mir und halt mich fest
Sei bei mir und halt mich aus

amen

Ich hörte von alten Leuten aus Spanien, dass ein Schiff mit Flüchtlingen von der Pest heimgesucht wurde. Der Kapitän setzte sie aus an Land, an einem unbewohnten Ort, wo die meisten den Hungertod starben. Nur wenige rafften sich auf und versuchten zu Fuß einen bewohnten Ort zu finden. Unter ihnen befand sich ein Jude, der sich mit seiner Frau und ihren beiden Kindern auf den Weg machte. Die Frau, des Marschierens ungewohnt, wurde ohnmächtig und starb. Der Mann trug seine Kinder weiter, bis er vor Hunger niedersank. Als er aus der Ohnmacht erwachte, fand er seine beiden Kinder tot. In seinem Schmerz erhob er sich und sprach: „Herr der Welt, vieles zwar tust du, dass ich meinem Glauben untreu werde. Du darfst aber versichert sein, dass ich auch gegen den Willen der Bewohner des Himmels ein Jude bin und ein Jude bleiben werde, und alles Leid, das du bereits über mich gebracht hast und noch über mich bringen wirst, wird vergeblich sein.“ Daraufhin raffte er Gras und Erde beisammen, bedeckte damit die toten Kinder und ging weiter, um einen bewohnten Ort zu finden.

Salomon Ibn Verga (15.–16. Jahrhundert)

Meine Kraft ist in den Schwachen mächtig.

2. Korinther 12,9

Wunder

mit Gott rechnen

Ein Wunder, wenn sich in dir drin etwas verändert. Wenn etwas Ungeahntes geschieht, etwas, das du nicht für möglich gehalten hast. Ein Wunder, als mir an einem trüben Dienstagmorgen die Farbe Gelb das Leben rettete. Ein Wunder, als kurz hinter Burgos ein fremder Mann Trauben brachte. Ein Wunder, als eine Windhose wie eine Wolkensäule vor mir herzog. Ein Wunder, als ich nach einer Antwort suchte und sie bekam: Du sollst frei sein, las ich, sitzend im 20er-Bus, auf diesem Riesenplakat in überdimensionalen Lettern. Ein Wunder, wenn Gott direkt neben dir steht und du fühlst seinen Atem. Kein Sicherheitsabstand. Deine Augen weit offen und dein Herz erfüllt.

Ein Wunder, das ist nie objektiv. Wer will von außen sehen, ob Gott bei dir ist? Ein Wunder, das ist nie übersinnlich, wie sonst solltest du Gott erkennen als mit deinen Sinnen? Ein Wunder, das ist nie unnatürlich, wie sonst sollte Gott sich zeigen, wenn nicht in seiner Schöpfung? Ein Wunder ist nicht wiederholbar und nicht verfügbar, aber es geschieht zweihundertdreiundsiebzig Millionen Mal täglich.

Geht und erzählt, was ihr hört und seht: Blinde sehen, Gelähmte gehen, Aussätzige werden gesund und Taube hören, Tote stehen auf, und die Armen bringen die Freudenbotschaft.

nach Matthäus 11,4–6

Rede von der Anschauung

Und es kommen die Vögel von den Bergen und aus jeder Richtung.
Und es kommen die Fische mit den hellen Kreuzen auf ihren Rücken.
Und die Sterne mit den verzweigten Augen und mit den weisen Händen.
Und die Monde mit den silbernen Geräten und mit den höchsten Reden.

Und du bleibst immer bei mir, und du verlässt mich nicht.
Und du wendest mühelos meinen Leib, und du begleitest mich.
Und du läuterst meine Wünsche, und du änderst meine Gedanken.
Und du richtest mich wieder auf, und du beendest meine Not.

Und ich erwäge den Lauf des Regens und den Rat der Sonne.
Und ich rufe deinen Namen laut und vor allen Leuten.
Und ich esse dein Brot, und ich trinke deinen Wein.

Und es kommen deine Wochentage zu mir mit großer Verheißung.
Und es kommen deine vier Boten mitsamt den sieben heiligen Zeichen.
Und dein Wille geschieht zur Zeit, und geschieht in Ewigkeit.

Jesse Thoor (1905–1952)

Jesus
Hilf mir
Heile mich
Ich glaube:
Du kannst

Hilf meinem Unglauben

amen

Ostern
Aufstand

Frühgottesdienst, fünf Uhr
Steh auf, wenn es noch dunkel ist.
Geh durch die Straßen, am Horizont ein Lichtstreif.
Die Türen der Kirche sind offen.
Schwärze umfängt dich und Stille.
Dann die Stimme.
Christus ist das Licht.
Monotoner Gesang. Du spürst die Härchen auf deiner
Haut, du verstehst nicht und antwortest:
Gelobt sei Gott.
Aus den Augenwinkeln nimmst du das Flackern wahr.
Es kommt näher.
Christus ist das Licht.
Die Stimme erhebt sich.
Gelobt sei Gott.
Die Flamme wird gehalten von weißen Gewändern.
Sie leuchtet der Dunkelheit.
Christus ist das Licht. Der Gesang schwillt an.
Gelobt sei Gott.
Der Morgen ist da.

Am ersten Tag der Woche kamen die Frauen ans Grab. Es war noch früh und finster. Da merkten sie, dass der Stein weggewälzt war. Sie sahen die Leere und die Leinentücher, ordentlich gefaltet. Sie verstanden nicht und begannen zu weinen. Zwei Männer traten zu ihnen, sie hatten weiße Gewänder an. „Was sucht ihr den Lebenden bei den Toten? Er ist nicht hier, er ist auferstanden.“ Die Sonne ging auf und sie wunderten sich.

nach Lukas 24,1–9

Wir müssen uns vormalen lassen und ins Herz bilden, wenn man uns unter die Erde scharrt, dass es nicht heißen muss: gestorben und verdorben, sondern gesät und gepflanzt, und dass wir aufgehen und wachsen sollen in einem neuen, unvergänglichen und ungebrechlichen Leben und Wesen. Wir müssen eine neue Rede und Sprache lernen, von Tod und Grab zu reden, wenn wir sterben, dass es nicht gestorben heißt, sondern auf den zukünftigen Sommer gesät, und dass der Kirchhof nicht ein Totenhaufe heißt, sondern ein Acker voll Körnlein, nämlich Gottes Körnlein, die jetzt sollen wieder hervorgrünen und wachsen, schöner als ein Mensch begreifen kann.

Martin Luther (1483–1546)

Sammel die Tränen ein
Lüfte die Träume
Schick den Tod nach Haus
Hol die Sterbenden auf deine Seite
Ich habe keine Ahnung, wie das geht
Aber ich vertraue darauf

amen

Trost

Rettungsdienst

12. 07.1942. Es sind schlimme Zeiten, mein Gott. Heute Nacht geschah es zum ersten Mal, dass ich mit brennenden Augen schlaflos im Dunkeln lag und viele Bilder menschlichen Leidens an mir vorbeizogen. Ich verspreche dir etwas, Gott, nur eine Kleinigkeit: Ich will meine Sorgen um die Zukunft nicht als beschwerende Gewichte an den jeweiligen Tag hängen, aber dazu braucht man eine gewisse Übung. Jeder Tag ist für sich selbst genug. Ich will dir helfen, Gott, dass du mich nicht verlässt, aber ich kann mich von vornherein für nichts verbürgen. Nur dies eine wird mir immer deutlicher: dass du uns nicht helfen kannst, sondern dass wir dir helfen müssen, und dadurch helfen wir uns letzten Endes selbst. Es ist das Einzige, auf das es ankommt: ein Stück von dir in uns selbst zu retten, Gott. Mit fast jedem Herzschlag wird mir klarer, dass du uns nicht helfen kannst, sondern dass wir dir helfen müssen und deinen Wohnsitz in unserem Inneren bis zum Letzten verteidigen müssen.

Etty Hillesum (1914–1943)

Was tröstet:

gutwillige Freunde
(schäm dich nicht deiner Tränen)

Arbeit, die getan werden muss
(den Hamster füttern, damit das Leben weitergeht)

nicht zurückschauen, solange der Drache im Nacken faucht
(denk an Frau Lot, du willst nicht erstarren)

aushalten. Nichts Wesentliches ändern.
(Häuser baut man im Sommer)

schlafen
(wann immer du Schlaf findest, sein Arm birgt dich)

an der Nabelschnur Gottes hängen
(stell es dir vor, auch wenn du es nicht glaubst)

Ich will euch trösten, wie eine Mutter tröstet.

Jesaja 66,13

Lobe den Herren, der alles so
herrlich regieret,
der dich auf Adelers Fittichen
sicher geführet,
der dich erhält,
wie es dir selber gefällt,
hast du nicht dieses verspüret?

Lobe den Herren, der künstlich
und fein dich bereitet,
der dir Gesundheit verliehen,
dich freundlich geleitet.
In wie viel Not
hat nicht der gnädige Gott
über dir Flügel gebreitet!

Lobe den Herren, der deinen
Stand sichtbar gesegnet,
der aus dem Himmel mit Strömen
der Liebe geregnet.
Denke daran,
was der Allmächtige kann,
der dir mit Liebe begegnet.

Joachim Neander (1650–1680)

Joachim Neander erlebte den Tod mehrerer Kinder und seiner Frau, Arbeitslosigkeit und die Pest. Am Ende seines Lebens verfasste er dieses Loblied.

Erinnerung

verbunden bleiben

Menschen, die mal waren: Opa, wie er Apfelsinen schält. Miriam, die durchs Rote Meer geht. Frau P., die beste Lehrerin der Welt. Christoph, mit dem ich stritt. Bonhoeffer im Konzentrationslager. Viele andere im Konzentrationslager. Uroma in ihrem roten Rock. Jesus, der Brot teilt und Wein. Oma, mit der ich stickte. Jakob, der mit dem Unbekannten ringt. Kurt Cobain. Teresa und ihr Satz von der Seele, die Lust hat. Uropa, der Müller war und den ich nicht kannte. Tante Frieda mit ihrem Vogelgesicht. Ein Toter, auf dessen Grabstein Kapitän steht.

Wir sind verbunden. Wir sind ein Netz durch die Zeit. Gespannt zwischen Gestern und Morgen, zwischen Hier und Dort. Ein Netz in die Ewigkeit. Knüpf an.

Alles hat Gott schön gemacht zu seiner Zeit, auch hat er die Ewigkeit in des Menschen Herz gelegt.

Prediger 3,11

Herr von Ribbeck auf Ribbeck im Havelland

Herr von Ribbeck auf Ribbeck im Havelland,
ein Birnbaum in seinem Garten stand,
und kam die goldene Herbsteszeit
und die Birnen leuchteten weit und breit,
da stopfte, wenn's Mittag vom Turme scholl,
der von Ribbeck sich beide Taschen voll,
und kam in Pantinen ein Junge daher,
so rief er: „Junge, wiste ne Beer?"
Und kam ein Mädel, so rief er: „Lütt Dirn,
kumm man röwer, ick hebb ne Birn."

So ging es viele Jahre, bis lobesam
der von Ribbeck auf Ribbeck zu sterben kam.
Er fühlte sein Ende, 's war Herbsteszeit,
wieder lachten die Birnen weit und breit;
da sagte von Ribbeck: „Ich scheide nun ab.
Legt mir eine Birne mit ins Grab!"
Und drei Tage drauf, aus dem Doppeldachhaus,
trugen von Ribbeck sie hinaus.
Alle Bauern und Büttner mit Feiergesicht
sangen „Jesus meine Zuversicht!".
Und die Kinder klagten, das Herze schwer:
„He is dod nu. Wer giwt uns nu ne Beer?"

So klagten die Kinder. Das war nicht recht ...
ach, sie kannten den alten Ribbeck schlecht!
Der neue freilich, der knausert und spart,
hält Park und Birnbaum strenge verwahrt.
Aber der alte, vorahnend schon
und voll Misstraun gegen den eigenen Sohn,
der wusste genau, was damals er tat,
als um eine Birn ins Grab er bat;
und im dritten Jahr aus dem stillen Haus
ein Birnbaumsprössling sprosst' heraus.

Und die Jahre gehen wohl auf und ab,
längst wölbt sich ein Birnbaum über dem Grab,
und in der goldenen Herbsteszeit
leuchtet's wieder weit und breit,
und kommt ein Jung übern Kirchhof her,
so flüstert's im Baume: „Wiste ne Beer?"
Und kommt ein Mädel, so flüstert's: „Lütt Dirn,
kumm man röwer, ick gew di ne Birn!"
So spendet Segen noch immer die Hand
des Herrn von Ribbeck auf Ribbeck im Havelland.

Theodor Fontane (1819–1898)

Mein Schöpfer
in mein Herz möchte ich säen
was gut war
was mich wachsen ließ
damit es Blüten trage

In deine Ewigkeit möchte ich begraben
was bitter war
was mir den Atem nahm
damit ich Ruhe finde

Leih mir deinen Spaten
Sei der Gärtner an meiner Seite

amen

90
A mix tape 1980

Gericht

gerade stehen

Eingestempelt in deine Seele wie eine Tätowierung: dass du vor einem Gericht stehen wirst und dabei nicht besonders gut wegkommst. Dass du Rechenschaft ablegen musst für alles, was du getan oder gelassen hast. Dass dein Leben nicht gelungen ist. Schon der Gedanke versetzt dich in Alarm. Wen hab ich verletzt, wen verprellt, wie hoch sind die Kollateralschäden, wie tief hat sich mein Fußabdruck unwiderruflich eingegraben und muss ich dafür geradestehen?

Und dann kommt eine vorbei, die sagt in breitem Dialekt: Keine Bange, der liebe Gott wird's schon richten. Und bei dir macht es klick. Der liebe Gott wird es richten: so wie die Werkstatt den verbeulten Kotflügel meines Autos repariert hat. Gott wird es richten, statt über mich zu richten. Sagen, was gut war und was schlecht. Wird mich an die Hand nehmen, mir auf die Beine helfen und mich in Ordnung bringen – damit ich nicht krumm, sondern gerade stehe.

Sicher wird es am Jüngsten Tag nicht heißen: Was habt ihr gelesen? sondern einzig: Was habt ihr getan? Und nicht: Wie geistreich waren deine Worte? sondern nur: Wie gottgefällig war dein Leben?

Thomas von Kempen (1380–1471)

O komm, du Geist der Wahrheit:
Kümmere dich um meine Seele.
O komm, du Geist der Wahrheit:
Befreie mich von Angstmachern und
Buchhalterinnen.
O komm, du Geist der Wahrheit:
Richte mich auf, wenn ich manches
nicht wiedergutmachen kann.

amen

Das Gebet wird den Kranken helfen. Gott wird sie aufrichten. Und wenn sie Schuld auf sich geladen haben, wird er ihnen vergeben.

nach Jakobus 5,15

Gelassenheit

Gott machen lassen

Mit Gottes Welt ist es so, wie wenn ein Mensch Samen aufs Land wirft. Nach der Arbeit geht er nach Hause und schläft und steht wieder auf, Tag für Tag. Ohne sein Zutun wächst die Saat heran. Von selbst bringt die Erde Frucht, zuerst den Halm, danach die Ähre, dann den vollen Weizen. Wenn das Getreide schließlich reif ist, mäht der Bauer es ab, denn jetzt ist die Ernte da.

nach Markus 4,26–29

Nach Kraft ringen. Das klingt alles so dramatisch. Man tut eben, was man kann und legt sich dann schlafen. Und auf diese Weise geschieht es, dass man eines Tages etwas geleistet hat.

Paula Modersohn-Becker (1876–1907)

Als ob das so einfach wäre, Gott
Auf den Herrn vertrauen und nicht
sich verlassen auf Fürsten.
Als ob mir das wirklich helfen würde
Kommt zu mir, die ihr beladen seid,
ich will euch erquicken.
Als ob ich mich losmachen könnte
von all dem Mist
Fürchte dich nicht, denn ich habe dich
bei deinem Namen gerufen.
Ach, Gott!
[...]
Ach ...
[...]
Mmh
amen

ICH

fleißig
ehrgeizig
protestierend
diszipliniert
gedächtnistrainierend
bemüht
schuldig
selbstoptimierend
suchend
bausparvertragfixiert
vielsagend
sicherheitsversessen
verkniffen

DU

Glücklichmacher
Aufrichterin
Schlafhüter
Halleluja
Herausforderin
Roter Apfel
Vergeber
Großmütige
Geschenkemacher
Liebespender
Mußegöttin
Ewige
Anerkenner

Himmel

alles gut

Wenn ich einst in den Himmel komme, dann wird das kein Umzug aufs Altenteil, sondern ein Nach-Hause-Kommen. Denn Himmel ist der Codename Gottes und kein Ort, wo es Paradiescreme gibt. Schwerelos, erlöst und angekommen werde ich sein – weil ich Gottes Aussicht teilen darf. Die Dinge sehen anders aus. Kleiner, aber übersichtlicher. Weiter weg, aber geordneter. Gelassener, grenzenloser. Ich werde lernen, wie das geht: sich über die Menschen freuen, sich über sie ärgern, aber nicht an ihnen verzweifeln. Und an sie glauben. Ich werde mich an Gottes sanftem Blick wärmen und den Eisverkäufer, meine Exfrau und die grobe Nachbarin mit anderen Augen sehen. Meine ärgsten Feinde, all die Bösewichter der Geschichte, sind auch da, schließlich ist das ganze keine Talentshow.
Der Eintritt: macht frei.

Oft träume ich, Gott
ich in der Hauptrolle
und dann ein dickes Happy End
Sei bei mir, wenn ich gehe
Sei mit mir, wenn ich komme
Ich will vom Heute
wie vom Morgen reden

amen

Ich sah einen neuen Himmel und eine neue Erde; denn der erste Himmel und die erste Erde sind vergangen, und das Meer gibt es nicht mehr. Ich hörte eine Stimme, die sagte: Schau, die Hütte Gottes bei den Menschen! Gott wird bei ihnen wohnen, und sie werden Gottes Menschen sein und er wird ihr Gott sein. Gott wird alle Tränen abwischen, und der Tod wird nicht mehr sein, kein Leid und kein Schmerz; denn was einmal war, ist für immer vorbei. Und Gott sprach zu mir: Ich bin das A und das O, der Anfang und das Ende. Ich mache alles neu.

nach Offenbarung 21,1–6

Sorge dich nicht um das, was kommen mag, weine nicht um das, was vergeht; aber sorge, dich nicht selbst zu verlieren, und weine, wenn du dahintreibst im Strome der Zeit, ohne den Himmel in dir zu tragen.

Friedrich Daniel Schleiermacher (1768–1834)

FUNDORTE

Seite 13: Rabbi Levi Jizchak von Berditschew, in: Heinz Zahrnt, Leben als ob es Gott gibt, S. 5, München 1992

Seite 15: Hildegard von Bingen, Der Mensch in der Verantwortung. Das Buch der Lebensverdienste – Liber Vitae Meritorum, S. 94 (gekürzt), Freiburg 1994

Seite 17: nach Meister Eckhart, Deutsche Predigten und Traktate, 25. Predigt

Seite 19: Ubi caritas, Text altkirchlich, Melodie und Satz: Berthier, Jacques, © Ateliers et Presses de Taizé, 71250 Taizé-Communauté, Frankreich

Seite 20: Christus, Antlitz Gottes, © Susanne Kayser und Ilona Schmitz-Jeromin

Seite 21: Augustinus, In epistulam Ioannis ad Parthos, tractatus VII, 8.

Seite 26: Simone Weil, Das Unglück und die Gottesliebe, S. 114 f., München 1953

Seite 28: Meister Eckhart, Reden der Unterweisung, 12, 37

Seite 31: D. Martin Luthers Tischreden, Kritische Gesamtausgabe, Bd. 3, S. 515, Weimar 1914

Seite 32–33: D. Martin Luthers Werke, Kritische Gesamtausgabe, Bd. 7, S. 838, Weimar 1897

Seite 35: Joy to the world, Text: Isaac Watts nach Psalm 98, 1719; Musik: Lowell Mason, 1836

Seite 36: Vergil, Eklogen, 4. Ekloge: Der göttliche Knabe (Auszüge)

Seite 38: Augustinus, Enarrationes in Psalmos, Ps. 103 I, 15

Seite 38: Martin Luthers Glaubensbekenntnis, von Dietrich Bonhoeffer gefunden und in Gottesdiensten verwendet, zitiert nach: Ferdinand Schlingensiepen, Dietrich Bonhoeffer 1906–1945. Eine Biographie, S. 98, München 2005

Seite 42: Flavius Josephus, Jüdische Altertümer 18,63, zitiert und übersetzt nach Shlomo Pines: An Arabic Version of the Testimonium Flavianum and its Implications, Israel Academy of Sciences and Humanities (Hrsg.), 1971

Seite 44–45: "Lord of the Dance" (Sydney Carter, 1915–2004), © 1963 Stainer & Bell Ltd, 23 Gruneisen Road, London N3 1LS,

www.stainer.co.uk, is used by permission. All rights reserved.

Seite 49: Niklaus von Flüe, Preuss. Kulturbesitz, Ms. germ 4° 636, 12 v. Ende 15. Jh., Berlin

Seite 53: Søren Kierkegaard, Die Tagebücher 1834–1848, 1. Band, S. 28, Innsbruck 1923

Seite 57: Rainer Maria Rilke, Briefe und Tagebücher aus der Frühzeit, S. 368, Leipzig 1931

Seite 57: Nach: Blaise Pascal, Karl Adolf Blech, Pascal's Gedanken über die Religion und einige andere Gegenstände. S. 246, Berlin 1840

Seite 60: Martin Luther, Quelle nicht bekannt

Seite 62: Ignatius von Loyola, aus: Hugo Rahner, Ignatius von Loyola als Mensch und Theologe, S. 150 f., Freiburg 1964

Seite 65: Dorothee Sölle, Quelle unbekannt

Seite 70: Ignatius von Loyola, Briefwechsel mit Frauen, S. 265, Freiburg 1956

Seite 73: D. Martin Luthers Werke, Kritische Gesamtausgabe, Bd. 54, S. 185–186, Weimar 1928

Seite 76: Christoph Friedrich Blumhardt, Vom Reich Gottes. Aus Predigten und Andachten, S. 22 f., Berlin 1923

Seite 87: Augustinus, Die Bekenntnisse, 4. Buch, Kapitel 8

Seite 91: Dietrich Bonhoeffer, Widerstand und Ergebung, © 1998, Gütersloher Verlagshaus, Gütersloh, in der Verlagsgruppe Random House GmbH

Seite 94: Juliana von Norwich, nach Otto Karrer: Juliana von Norwich, Offenbarungen der göttlichen Liebe, Paderborn 1926

Seite 98: Martin Luther, Der große Katechismus, in: Calwer Luther-Ausgabe Bd. 1, S. 137f., München 1964

Seite 102: Abraham a Santa Clara, Auswahl aus seinen Schriften, S. 53, Stuttgart 1904

Seite 104: Marie Noël, Aus: dies.: Erfahrungen mit Gott. Aus dem Französischen übersetzt von Franziska Knapp © der deutschen Übersetzung: Matthias Grünewald Verlag. Verlagsgruppe Patmos in der Schwabenverlag AG, Ostfildern 2005. www.verlagsgruppe-patmos.de; © der Originalausgabe: Editions Stock, Paris, www.editions-stock.fr

Seite 107: Søren Kierkegaard, Die Lilien auf dem Felde, Drei Beichtreden, Kapitel III, Freude, Projekt Gutenberg.de

Seite 110: Augustinus, Quelle nicht bekannt

Seite 114: D. Martin Luthers Werke, Kritische Gesamtausgabe, Bd. 40/ III, S. 389, Weimar 1930

Seite 118: Martin Buber, Die Erzählungen der Chassidim, © 1949 by Manesse Verlag, Zürich, in der Verlagsgruppe Random House GmbH, München

Seite 119: Des heiligen Kirchenvaters Aurelius Augustinus ausgewählte Schriften 1–3, 4. Buch, Kempten 1911

Seite 124: D. Martin Luthers Werke, Kritische Gesamtausgabe, Bd. 36, S. 365, Weimar 1909

Seite 126: Martin Luther, Quelle nicht bekannt

Seite 127: Greta Thunberg am 23. September 2019 auf dem UN-Klimagipfel in New York

Seite 130: Ich lobe meinen Gott von ganzem Herzen, Originaltitel; Je louerai l'Eternel, Text: Claude Fraysse (nach Ps 9,2–3.8–10), Melodie: Claude Fraysse; dt. Text: Gitta Leuschner, © 1982 Claude Fraysse/Alain Bergèse, Frankreich. Für D, A, CH: SCM Hänssler, 71087 Holzgerlingen

Seite 131: Meister Eckhart, Lateinische Werke, Band 1, Hauptteil 1: Magistri Echardi prologi, expositio libri Genesis, liber parabolarum Genesis, S. 614, Stuttgart 1964

Seite 132: Søren Kierkegaard, Der Begriff Angst, S. 72, Stuttgart 1992

Seite 135: D. Martin Luthers Tischreden, Kritische Gesamtausgabe, Bd. 6, 297, Weimar 1921

Seite 138: Martin Luther, Aus der Rede auf dem Reichstag zu Worms, 18. April 1521; D. Martin Luthers Werke, Kritische Gesamtausgabe, Bd. 7, S. 832-838, Weimar 1897

Seite 140: Hildegard von Bingen, Scivias 409; zitiert nach Ingrid Riedel, Hildegard von Bingen – Prophetin der kosmischen Weisheit, S. 11, Freiburg 1994

Seite 142: Wolfgang Borchert: Das Gesamtwerk. Rowohlt, S. 318–321, Reinbek 1986

Seite 145: Paul Tillich, Gesammelte Werke, Band 11, Sein und Sinn, S. 130, Ev. Verlagswerk, Stuttgart (1969), neu aufgelegt bei de Gruyter, Berlin (1987), www.degruyter.com

Seite 147: Martin Luthers Hauspostille, herausgegeben vom Evangelischen Bücherverein, S. 58, Berlin 1846

Seite 150: Columban, Quelle unbekannt

Seite 153: Christoph Friedrich Blumhardt, Reich Gottes in der Welt, S. 8, Dessau 2010

Seite 156-157: Matthias Claudius, Werke, Erster Band, S. 81-82, Hamburg 1829

Seite 159: Bernhard von Clairvaux, Rückkehr zu Gott. Die mystischen Schriften, S. 73ff, (Auszug), Düsseldorf 2006

Seite 161: Martin Luther, aus: Kurt Aland (Hg.), Martin Luther, Tischreden, 686-688, S. 263–264, Stuttgart 1981

Seite 166: Johann Arndt, Sechs Bücher vom wahren Christentum, S. 54, Frankfurt am Main 1840

Seite 168: E.E. Cummings,aus: ders.: Poems. Verlag C.H.Beck. München. Vormals Langewiesche-Brandt. ISBN: 978-3-406-68781-5

Seite 174: D. Martin Luthers Werke, Kritische Gesamtausgabe, Bd. 2, S. 685f., Weimar 1884

Seite 177: Salomo Ibn Verga, Liber Schevet Jehuda, aus dem Hebräischen ins Deutsche übertragen von Dr. M. Wiener, S. 185, Hannover 1856

Seite 180: Jesse Thoor, Rede von der Anschauung, © Thomas Sessler Verlag GmbH, Wien, www.sesslerverlag.de

Seite 183: Martin Luther, aus: Jörg Zink, Die Mitte der Nacht ist der Anfang des Tages. Bilder und Gedanken zu den Grenzen unseres Lebens, S. 4, Stuttgart 1970

Seite 184: Etty Hillesum, Das denkende Herz, Die Tagebücher der Etty Hillesum 1941–1943, S. 149, Reinbek bei Hamburg 1985

Seite 186: Joachim Neander, EG 317

Seite 188-189: Theodor Fontane, Sämtliche Werke. Bd. 1-25, Band 20, S. 249–251, München 1959–1975

Seite 192: Thomas von Kempen, Das Buch von der Nachfolge Christi, Buch I, Kapitel 3, Absatz 5, Freiburg im Breisgau 1933

Seite 195: Paula Modersohn-Becker, Briefe und Tagebuchblätter von Paula Modersohn-Becker, Brief an die Schwester, 12. August 1906, S. 233, München 1927

Seite 200: Friedrich Schleiermacher, Monologe, S. 37, Berlin 1868

THEMEN

BIBELSTELLEN

Alle Bibelstellen wurden von den Autor*innen neu übertragen.